Stephan Moebius

Postmoderne Ethik und Sozialität

Beitrag zu einer soziologischen Theorie der Moral

Stephan Moebius

POSTMODERNE ETHIK UND SOZIALITÄT

Beitrag zu einer soziologischen Theorie der Moral

ibidem-Verlag
Stuttgart

Die Deutsche Bibliothek - CIP-Einheitsaufnahme:

Ein Titeldatensatz für diese Publikation ist bei
Der Deutschen Bibliothek erhältlich

∞

Gedruckt auf alterungsbeständigem, säurefreien Papier
Printed on acid-free paper

ISBN: 3-89821-155-X

Printed in Germany

Inhaltsverzeichnis

Einleitung

> „Der Gedanke wurde mir unerträglich, daß das Gute nichts anderes sein sollte als das Nützliche, wenn auch das sozial Nützliche, und der Trieb zum Guten nichts anderes als die Angst vor einer Bestrafung. Bestrafung durch wen? Durch den Staat? die Gruppe? die öffentliche Meinung? Und wenn der Staat oder die Gruppe oder die öffentliche Meinung unmoralisch sind? Und wenn günstige Umstände oder eine bessere Technik es ermöglichten, das Böse zu tun mit der Gewißheit straflos zu bleiben, worauf stützt sich dann die Moral? Könnte die Technik, indem sie die Bestrafung ausschließt, also die Grenzen zwischen Gut und Böse aufheben? Diese Vorstellung flößte mir Angst ein, ich fing an, mich vor dem Nichts zu fürchten. Ich möchte Sie nicht mit diesen Abschweifungen langweilen oder gar einen besseren Eindruck dadurch erwecken. Es ist nur so, daß diese Gedanken zum Inhalt meines Lebens wurden."(Silone 1974: 279)

Keine andere Textstelle könnte wohl die Intention zu diesem Essay über Moral besser und treffender ausdrücken als jene aus dem Buch „Wein und Brot" von Ignazio Silone. Die Leidenschaftlichkeit des Fragens: Worauf stützt sich Moral? Wie kann man urteilen, was Gut oder Böse ist? Oder kann das Urteilen selbst ausgelöscht werden? fasziniert, wird wichtig und läßt einen nicht los. Und welche Antwort könnte man wohl als Soziologe auf die alte Frage geben:

Virtute doctrina paret naturane donet: Kann der Mensch Moral erlernen oder ist Moral viel eher schon in der Modalität zwischenmenschlichen Seins vorhanden? Benötigt man einen Prozeß der Sozialisation oder des *social engineerings*, um moralisch zu werden, oder ist Moral als Verantwortung gegenüber dem Anderen immer schon da? Wird Moral durch normative Regeln oder Sozialisation erzeugt oder gibt es eine Quelle von Moral, die als eine Möglichkeit des Seins keine Vermittlung durch übersubjektive Werte nötig hat, die in ihrer Aufmerksamkeit und dem Mit-Gefühl für die/

den AndereN vielleicht eine differente Qualität zu jeglichem sozialen Leben bzw. der Sozialität bietet?

Diese dilemmatischen Fragen waren nicht nur in der Antike, sondern sind auch heute noch von großer Relevanz. Natürlich kommt für gewöhnlich sofort der Vorwurf, das seien einmal wieder rein akademische Fragen, bestenfalls noch für den Ethik- oder Religionsunterricht von Bedeutung oder schon lange seit Kant, Hobbes oder Durkheim geklärt. Dennoch haben diese Fragen nichts an Brisanz und Aktualität eingebüßt, da die Schere zwischen arm und reich in Zeiten des immer weiter umgreifenden Neoliberalismus und der Glokalisierung[1] (vgl. Bauman 1996: 658f) noch größer wird und somit die Stimme der Moral im Gewirr der weltweiten Umverteilung von Reichtum und Armut, Souveränität, Macht und Handlungsfreiheit – wenn überhaupt- dann nur noch leise zu vernehmen ist.

Um was sich heute gekümmert und öffentlich heiß diskutiert wird, in einer Massen- und Konsumgesellschaft, die gekennzeichnet ist durch die Ausbeutung der Geselligkeit, durch eine weitreichende soziale Atomisierung und der Ersetzung der Mitmenschlichkeit durch Verwaltung, ist nach Ansicht von Zygmunt Bauman die Moral der PolitikerInnen – nicht die Moral der Politik:

[1] Der Begriff der Glokalisierung drückt aus, daß eine gegenseitige Bedingtheit und gegenseitige Verstärkung zwischen Globalisierung und politischer Fragmentierung bzw. territorialer Lokalisierung besteht. „Schwache Staaten sind genau das, was die Neue Weltordnung [...] braucht, um sich zu erhalten und sich zu reproduzieren."(Bauman 1996: 657) Integration und Fragmentierung, Globalisierung und Territorialisierung sind zwei sich ergänzende Prozesse. Zum Beispiel erblickt man so eine Fragmentierung im ehemaligen Jugoslawien, wo nach dem Bürgerkrieg und unter dem Banner des IWF viele kleine und schwache Staaten entstanden sind. Die Mobilität der globalen Finanzen, des Handels und der Informationsindustrie sind abhängig von der Zerstückelung der Weltszene und haben ein eigennütziges Interesse an diesen schwachen Staaten entwickelt. Diese sog. „‚Quasi-Staaten' lassen sich leicht auf die (nützliche) Rolle lokaler Distriktpolizisten reduzieren, die das Minimum an Ordnung aufrechterhalten, das erforderlich ist, um die Geschäfte zu erledigen. Man muß nicht befürchten, daß sie die Freiheit der globalen Unternehmen aktiv bremsen."(Bauman 1996: 657f) Insofern ließe sich fragen, inwiefern kommunitaristisches Denken nicht genau diese Lokalisierungstendenzen unterstützt bzw. wie Bauman es ausdrückt: „Die Community, wiederentdeckt von den wiedergeborenen romantischen Bewunderern der *Gemeinschaft* (sie sehen diese nun wieder bedroht, von finsteren, entwurzelnden und entpersonalisierenden Kräften – die diesmal in der globalen Gesellschaft verankert sind), ist nicht das Gegengift zur Globalisierung, sondern eines seiner unvermeidbaren globalen Folgen – Produkt und Bedingung zugleich."(Bauman 1996: 658)

> „Wie die Personen sich aus der Sicht der Öffentlichkeit verhalten, nicht, was sie tun – ihre persönliche Moralität, nicht die Ethik, die sie unterstützen oder zu unterstützen verfehlen; die persönlich korrumpierenden, nicht die gesellschaftlich verheerenden Auswirkungen politischer Macht; die moralische Integrität der Politiker, nicht die Moralität der Welt, die sie befördern oder erhalten –, scheint die Agenda von Moral- und – Politik ganz oder fast ganz zu erschöpfen."(Bauman 1995a: 366)

Eine Welt, in der eine illegale Wahlkampffinanzierung (Stichwort: Whitewater) oder Sexaffairen eines amerikanischen Präsidenten die Gemüter mehr erhitzt als eine ethnozentristische Rhetorik der Politiker und Generäle bei der „Operation Wüstensturm", ist eine Welt, in der moralische Werte zweifellos paradox erscheinen müssen.

> „Um einige Leben zu retten, hieß es, mehr von den anderen zu töten. Vielleicht erschien das, was für Logiker und Moralisten zweifellos ein Paradox war, in den Augen der wenigen, die es auf sich nahmen, den Triumph der höheren, allgemeinen Werte von Freiheit, Gerechtigkeit und Weltordnung zu sichern, und der sehr viel zahlreicheren Menge, die ihnen dabei Glück wünschten, gar nicht widersprüchlich."(Bauman 1994: 176)

Dabei darf man nicht übersehen, daß auch moralisch untadelige PolitikerInnen der Zerstreuung moralischer Verantwortung vorsitzen und Mechanismen fördern können, die moralische Belange unterlaufen, marginalisieren oder als unzulässig ausschließen.

Die interessanten Fragen, die sich bei diesem Beispiel und dem Zitat aus Silones Buch aufdrängen, ist, ob Moral sozial manipuliert werden kann oder nicht; bzw., ob Gesellschaft oder Gemeinschaft überhaupt erst moralisches Handeln hervorbringen und ermöglichen, ob sie Werkzeuge der Humanisierung und Moralisierung sind oder – angenommen Moral ist immer schon ein Modus des In-der-Welt-Seins – Gesellschaft und Gemeinschaft unmoralisches Verhalten eher wahrscheinlicher als unwahrscheinlicher machen, moralisches Handeln manipulieren, für verwerfliche Ziele instrumentalisieren und somit für unbedeutend erklären können.

Unabdingbar ist dabei die Betrachtung zweier aktueller Diskurse, die zur Zeit in den Sozialwissenschaften eine bedeutende Rolle spielen (vgl. dazu: Theory, Culture and Society 1996, Vol.13(2): 75ff): zum einem die große

Debatte um ein „Mehr an Gemeinschaft", wie sie von zahlreichen KommunitarierInnen geführt wird und zum anderem der Diskurs einer sogenannten Postmodernen Ethik, wie ihn besonders Zygmunt Bauman und Jacques Derrida in Berufung auf den Moralphilosophen Emmanuel Lévinas führen (vgl. Lash 1996a: 91).

Um eine kommunitaristische Ethik zu verorten, ist es zu Beginn dieses Essays nötig, den kommunitaristischen Diskurs kurz zu skizzieren, welcher sich als Korrektiv zu einem individualistischen, theoretischem (Neo-)Liberalismus versteht, der sich lediglich auf lobbyistische und egoistische Interessensdurchsetzung beschränkt (vgl. Probst 1997: 5). Bei der Auseinandersetzung mit einer kommunitaristischen Ethik[2] spielt Alasdair MacIntyre eine bedeutende Rolle. Auf ihn und seine Gedanken zu Moral soll dann im zweiten Kapitel eingegangen werden.

Die VertreterInnen einer postmodernen Ethik, die sich hauptsächlich auf den Moralphilosophen Emmanuel Lévinas stützen, stehen „quer zu den auf dem Modell der Bürgergesellschaft beruhenden Ansätzen von Kommunitaristen und Liberalen"(Brumlik/ Brunkenhorst 1993: 16), besonders weil sie der Tradition des griechisch-römischen Denkens der Liberalen und der KommunitarierInnen das sog. „jüdische Denken" (vgl. Taureck 1991: 12ff) entgegensetzen. Die postmoderne Perspektive auf Moral bildet mit ihrer Kritik an Liberalismus und Kommunitarismus somit gleichfalls eine dritte Betrachtungsweise auf Moral.

Da das denkwürdige Denken Emmanuel Lévinas' die Hauptpfeiler einer postmodernen Ethik und einer Kritik an bisherigen Ethikkonzeptionen bildet, soll im weiteren der Spur seiner Vorstellung von einem „ethischen Vorrang des/ der Anderen" gefolgt werden, um dann – ausgehend von Zygmunt Baumans Buch „Postmoderne Ethik" (1995) – den Weg mit einer Kritik an kommunitaristischer Ethik fortzusetzen.

In dem darauffolgenden Kapitel wird die postmoderne Sichtweise, wie sie insbesondere Zygmunt Bauman vermittelt, zum besseren Verständnis stichpunktartig zusammengefasst.

Eine Sichtweise auf Moral, die sich postmodern nennt, ist natürlich auch

[2] Der Begriff ‚Kommunitaristische Ethik' könnte leicht verwirren, da er eine homogene Gruppe kommunitaristischer AutorInnen suggeriert, die sich auf eine einzige Konzeption von Ethik geeinigt hätten. Dies trifft nicht zu, dennoch soll der Begriff benutzt werden, da hinsichtlich der wichtigsten *essentials* von MacIntyres Überlegung zu Moral weitgehend Konsens herrscht.

mit heftigem Widerstand konfrontiert. Dies ist nur legitim und sollte – anstatt zu Feindseligkeit zu verführen – anspornen, die eigene Blickrichtung und das eigene Vokabular zu prüfen und zu vertiefen, ja vielleicht sogar kritische Bemerkungen konstruktiv umzusetzen. Aus diesem Grund wird die Auffassung einer Postmodernen Ethik einer intensiven Prüfung mit Hilfe des kritischen Kommentars von Birgit Rommelspacher – dargelegt in ihrem Essay „Die postmoderne Fassung einer antimodernen Ethik" (1997) – unterzogen.

Ausgerüstet mit diesen ethischen Konzeptionen soll dann der Schritt gewagt werden, die zu bedenkende Frage zu beantworten, wie und mit welchen sozialen und institutionalisierten Mechanismen Moralität manipuliert und ausgelöscht werden kann. Diese soziologische Betrachtung moralischen Handelns bietet die Möglichkeit, ein bißchen Bewegung in einige festgefahrene Diskussionen über Moral und Gesellschaft zu bringen, indem sie viele eingeschliffene Selbstverständlichkeiten der sozialwissenschaftlichen Blickrichtung auf Moralität radikal in Frage stellt und neue, gesellschaftskritische Lesarten ans Licht bringt. Dieses Kapitel ist nicht nur deswegen besonders interessant, weil es deutlich macht, wie sehr eine soziologische Theorie der Moral heutzutage von immenser Bedeutung und notwendig ist, sondern auch, weil es aufzeigt, an welchen Stellen bei einer Kritik und bei einer folgenden Neukonzeptionalisierung von Postmoderner Ethik und Sozialität angesetzt werden muß. Diese Neukonzeptualisierung, die im letzten Kapitel dieses Essays vorgeführt wird, greift den Impetus der kommunitaristischen Kritik an aktuellen Individualisierungstendenzen auf. Dabei geht die Postmoderne Ethik, wie sie in dieser Arbeit vorgestellt wird, ebenso davon aus, daß ein erfolgs- und leistungsfixierter Individualismus mit ungehemmter shareholder-Mentalität keineswegs die letzte Antwort heutiger gesellschaftlichenr Dynamiken sein muß. Andererseits wird im Laufe dieses Essays deutlich werden, daß zwar die Kritik am neoliberalistischen Individualismus mit den KommunitarierInnen geteilt wird, der Weg jedoch, der aus dem sozialen Atomismus und der „Regierung durch Individualisierung" (vgl. Foucault 1994) führt, nur einer sein kann, der sich an der Postmodernen Ethik orientiert.

Eine solche Orientierung stellt allerdings keine letzten Wahrheitsansprüche oder einen Anspruch auf universelle Gültigkeit. Vielleicht sollte man folgende Position eher als eine Erfahrung auffassen. Eine Erfahrung ist weder wahr noch falsch und vielleicht nur eine spezifische Antwort auf bestimmte Situationen. „Alle Wahrheit ist [...] relativ auf das Sein des Daseins"(Heidegger 1984: 227). Oder vielleicht läßt sich meine Position noch besser mit Foucault erklären:

> „Ich wäre ja wirklich blind, wenn ich das, was ich in diesen Fällen bemerkt habe, in bezug auf mich selber negiert hätte. Ich weiß genau, daß ich mich in einem Kontext befinde."(Foucault 1987: 17f)

1 Kommunitarismus und Liberalismus

„. . . in the sea of life enisled (. . .),
We mortal millions live alone."

Matthew Arnolds, 1852

Ein kurze Begriffsklärung: Der aus dem Amerikanischen kommende Begriff des Kommunitarismus (engl.: *communitarianism*) stammt von dem Wort community, welches sich folgendermaßen übersetzen läßt: 1. Gemeinschaft (Verbundenheit einer sozialen oder kulturellen Gruppe) 2. Gemeinde (z.B. Kirchengemeinde) 3. Allgemeinheit. Diese drei Dimensionen spielen im kommunitaristischen Diskurs[1] eine zentrale Rolle, wobei die von den KommunitaristInnen gedachten Gemeinschaften nicht mit nationalsozialistischen „Volksgemeinschaften" in einen Topf geworfen werden können, wie eine allzu vorschnelle und unreflektierte Assoziation mit dem Begriff der Gemeinschaft vermuten ließe (vgl. Reese-Schäfer 1995: 162).

Der Gedanke, Politik bedürfe der Basis einer Gemeinschaft, kann auf Aristoteles' berühmten Anfangssatz seiner Politik zurückgeführt werden, nach dem „jeder Staat uns als eine Gemeinschaft entgegentritt und jede Gemeinschaft als eine menschliche Einrichtung, die ein bestimmtes Gut verfolgt [. . .]."(Aristoteles 1989: Politik:I. Buch, 1. Kapitel)

Kommunitaristisches Denken findet sich ferner bei Montesquieu, Rousseau, Marx, Tönnies, Dewey und Alexis von Toqueville wieder. Sehr präzise und soziologisch genau ausgearbeitet findet sich die Gegenüberstellung von Gemeinschaft und Gesellschaft bei Ferdinand Tönnies. Gemeinschaft ist bei ihm z.B. die Familie und die Nachbarschaft, deren sozialen Hintergründe der Haushalt, das Dorf und die Stadt sind (vgl. Tönnies 1988).[2]

[1]Zur Einführung in den kommunitaristischen Diskurs s.: Walter Reese-Schäfer (1995, 1997), Brumlik/ Brunkenhorst (1993), Axel Honneth (1993)

[2]Bei Max Weber sind es in ähnlicher Weise die Hausgemeinschaft, die Nachbarschaftsgemeinschaft und die Sippe. (vgl. Weber 1976, Wirtschaft und Gesellschaft)

Gemeinschaftliche Strukturen besitzen eine „gegenseitig-gemeinsame, verbindende Gesinnung, als eigener Wille einer Gemeinschaft ist das, was hier als Verständnis (consensus) begriffen werden soll. Sie ist die besondere soziale Kraft und Sympathie, die Menschen als Glieder eines Ganzen zusammenhält."(Tönnies 1988: 17)

In *Gesellschaft* dagegen leben die Menschen zwar friedlich nebeneinander, aber sie sind doch „wesentlich getrennt."(Tönnies 1988: 34) Die Vorstellung Hobbes', jedeR sei des/ der anderen Feind (*homo homini lupus est*) kennzeichnet Gesellschaft; *Gemeinschaft* beruht eher auf der Vorstellung des Aristotelischen Konzepts des Menschen als *ζϖον πολιτικόν* (*zoón politikón*, was wörtlich übersetzt ‚politisches Lebewesen' bedeutet), auf der eines organischen und aktiven Zusammenlebens. Anhand dieser Beispiele läßt sich der Begriff der Gemeinschaft vielleicht ganz gut veranschaulichen. Da der Zusammenhang zwischen Vergangenheit und Gegenwart als gesellschaftlich konstitutiv betrachtet wird (vgl. Peter 1997: 39), ist es deswegen auch nicht verwunderlich, daß viele kommunitaristischen Argumentationen ihre Herkunft aus diesen ideengeschichtlichen Traditionen schöpfen.

Ausgehend davon sollen die in den westlichen Gesellschaften vorherrschenden politischen als auch philosophischen Konzeptionen einer tiefgreifenden Kritik und inneren Selbstreflexion unterzogen werden: „Dem kommunitaristischen Diskurs kommt, wie immer seine Beiträge im einzelnen zu bewerten sind, das wesentliche Verdienst zu, gezeigt zu haben, daß Individualisierung weder eine schicksalhafte noch die einzig wünschenswerte Perspektive der Lebensführung und des Lebensstils in modernen Gesellschaften ist."(Peter 1997: 39)

Es geht also um eine Kritik an einer Gesellschaft, die durch zunehmende soziale Atomisierung und nur ihrem Eigeninteresse folgende Individuen geprägt ist. Dies führt unweigerlich dazu, kurz die Auseinandersetzung des Kommunitarismus mit den philosophischen Positionen des Neoliberalismus zu skizzieren.

Der theoretische Neoliberalismus beantwortet Fragen sozialer wie kultureller Atomisierung, Fragmentierung als auch Desaggregation mit Hilfe einer individualistischen Vertragstheorie, die soziale Gerechtigkeit berücksichtigen will:

> „Nicht die verbindlichen normativen Vorgaben dessen, was ‚gutes Leben' und was eine ‚gute Gesellschaft' seien, sondern strikte Loyalität

> gegenüber vertragsförmigen Prozeduren der Konsensfindung sichern nach Meinung neoliberaler Theorie die Grundlagen moderner Gesellschaften, nämlich Freiheit, Demokratie und individuelle Selbstbestimmung. Nicht was normativ zu bevorzugen oder obligatorisch sei, sondern wie das Wünschenswerte ermittelt werde, sei die Kardinalfrage, die der philosophischen und sozialwissenschaftlichen Klärung bedürfe."(Peter 1997: 40)

Auftakt der kommunitaristischen Diskussion war die Kritik an John Rawls' neoliberaler „Theorie der Gerechtigkeit"(1975), der – in Anlehnung an Immanuel Kant – der Auffassung ist, daß eine politische Ethik nicht ein bestimmtes Konzept des guten Lebens und des Glücks postulieren solle, weil solche Konzeptionen völlig zufällig und unterschiedlich zustande gekommen und für die Realität „miteinander konkurrierender und inkommensurabler Konzeptionen des Guten"(Rawls 1993: 38) blind seien. Auch wenn alle Menschen den Wunsch haben, glücklich zu sein, bestehen doch unterschiedliche Vorstellungen darin, was das Glück ist. Darum kommt es darauf an, den BürgerInnen die Bedingungen zu ermöglichen, ihre eigenen Zielvorstellungen und ihre eigenen Vorstellungen vom Glück zu verwirklichen, solange sich dies mit der Freiheit einer/eines jeden verträgt – oder anders ausgedrückt:

> „Niemand kann mich zwingen auf seine Art (wie er sich das Wohlsein anderer Menschen denkt) glücklich zu sein, sondern ein jeder darf seine Glückseligkeit auf dem Wege suchen, welcher ihm selbst gut dünkt, wenn er nur die Freiheit Anderer, einem ähnlichem Zwecke nachzustreben, die mit der Freiheit von jedermann nach einem möglichen allgemeinen Gesetze zusammen bestehen kann (d.i. diesem Rechte des Andern) nicht Abbruch tut."(Kant 1793).

Demnach ist allein die gerechte und faire Koordination der unterschiedlichen Lebens- und Glückskonzeptionen zu regeln.

Rawls gelangt zu seinem Konzept von „Gerechtigkeit und Fairneß" durch die Setzung eines Urzustandes (*original position*), einer Situation, an der die moralischen und politischen Vorstellungen einem Gerechtigkeitstest unterzogen werden können. Man kann sich die *original position* folgendermaßen vorstellen: Angenommen man wäre noch nicht auf der Erde, wüßte somit auch nicht, ob man arm oder reich, als Mann oder Frau oder als andere Kategorie, als schwarz oder weiß – wie auch immer – geboren würde und hätte die Möglichkeit, Gesetze zu entwerfen und zu konstituieren, nach denen man dann leben müßte, – nach Rawls – würde man vernünftigerweise Prinzipien der Gerechtigkeit für alle wählen.

Aber: „Die Rawlsche Begründung läuft, etwas vereinfacht gesagt, darauf hinaus, das Rechte vor das Gute zu stellen. Praktisch gesehen folgt daraus, daß soziales Handeln nicht moralisch gesteuert, sondern institutionell gewährleistet werden soll, ohne in die subjektiven Präferenzen für das Gute einzugreifen. Was die Akteure für moralisch erstrebenswert halten, sei ihre Privatangelegenheit, solange sie die prozeduralen Spielregeln des fairen Aushandelns nicht verletzen."(Peter 1997: 40f)

Hauptgegenstand der kommunitaristischen Kritik ist das Bild des fiktiven Selbst, eines ungebundenen Selbst (*unencumbered self*), das in der Situation der *original position* agiert. Dieses Selbst ist weder durch Zwecke, Ziele und Emotionen bestimmt, noch gesellschaftlich determiniert und somit gleichsam ein kontextloses – oder mit den Worten von Michael Walzer ausgedrückt – ein „präsoziales Selbst"(Walzer 1993: 178), ohne jeglichen Zusammenhang zu seiner Geschichte und Gemeinschaft, durch die es konstituiert bzw. situiert wurde. Folgendes Zitat von Michael Sandel verdeutlicht die kommunitaristische Kritik an Rawls' theoretischem Neoliberalismus und dem Bild des kontextlosen Selbst:

> „Sich ein Bild einer Person zu machen, die solcher konstitutiver Bindungen[3] unfähig ist, bedeutet nicht, sich einen idealen, frei und rational Handelnden zu denken, sondern sich eine Person ohne jeglichen Charakter, ohne moralisches Rückgrat vorzustellen. Denn Charakter zu besitzen, heißt zu wissen, daß ich mich im Rahmen einer Geschichte bewege, die ich weder herbeirufen noch lenken kann, die nichtsdestotrotz Konsequenzen für meine Entscheidungen und mein Verhalten hat. [...] Die liberale Ethik verortet das Selbst jedoch jenseits seines Erfahrungsbereichs, jenseits von Überlegungen und Reflexion. Ohne das unmittelbare Selbstverständnis, das ein gemeinschaftliches Leben zu gestalten vermochte, ist das liberale Selbst dazu verurteilt, zwischen Losgelöstheit einerseits und Verwicklung andererseits hin und her zu taumeln. Dies ist das Schicksal des ungebundenen Selbst und seines befreienden Versprechens."(Sandel 1993: 29f)

[3] Gemeint sind Bindungen wie Familie, Gemeinschaft, Geschichte, Nation, BürgerIn eines Staates, sozio- kulturelle Bindungen also, die nach Sandel konstitutiv für meine Personwerdung und den eigenen Charakter sind.

Den KommunitaristInnen geht es auch darum, dem/ der Einzelnen mehr gesellschaftliche Verantwortung und Beteiligung abzuverlangen, individuelle Rechte nicht nur im Sinne der Verfolgung individueller Interessen, sondern auch als Verpflichtung – moralisch wie auch sozial – gegenüber dem Gemeinwohl zu verstehen. In dem 1994 in den USA veröffentlichten „Kommunitaristischen Manifest" heißt es dazu:

> „Die alten Griechen wußten, daß eine ganz und gar private Person für das Gemeinwesen verloren ist. Die ausschließliche Verfolgung eigener Interessen ist noch nicht mal für den Marktplatz eine gute Empfehlung, denn keine soziale, politische, wirtschaftliche oder moralische Ordnung kann auf diese Weise überleben. Ein gewisses Maß an Fürsorge und Teilen ist von wesentlicher Bedeutung, wenn wir nicht die Zuständigkeit von Verwaltungsbehörden erweitern und bürokratisierte Wohlfahrtsbehörden und aufgeblähte Reglements, Polizei, Gerichte und Gefängnisse haben wollen. [...] Kern des gemeinschaftsorientierten Verständnisses sozialer Gerechtigkeit ist der Gegenseitigkeitsgedanke: Jedes Mitglied der Gemeinschaft schuldet allen übrigen etwas, und die Gemeinschaft schuldet jedem ihrer Mitglieder etwas: Gerechtigkeit setzt verantwortliche Individuen in einer aufgeschlossenen Gemeinschaft voraus."

So meinen die VerfasserInnen an anderer Stelle weiter:

> „Die verschiedenen Gemeinschaften für gegenseitige Hilfe in den Vereinigten Staaten sind reiche Ressourcen für Stimmen der Moral, die in einer Gesellschaft Gehör finden sollten, die immer stärker vom Verlust aller moralischen Normen bedroht ist, zur Selbstsucht neigt und von Raffgier, egoistischen Interessen und einem ungebrochenen Machtstreben getrieben ist."

Den zuletzt angesprochen Tendenzen, die eine kulturelle Fragmentierung, Atomisierung und moralische Indifferenz zur Folge haben, sollen die Tugenden der Solidarität, des Gemeinsinns und des Verantwortungsbewußtsein entgegengesetzt werden. Dabei ist zu beachten, daß die KommunitaristInnen nicht als VertreterInnen einer neoliberalen Entstaatlichung sozialer Aufgaben zu betrachten sind, sondern vielmehr sehen sie „im Subsidiaritätsprinzip die Möglichkeit einer Vermittlung bürgerschaftlicher Selbstorganisation auf der einen und zentralstaatlicher Verwaltung und Hilfe auf der anderen Seite. Es geht ihnen nicht um eine Individualisierung von sozialen Risiken, sondern um die Stärkung von Demokratie durch die Stärkung der Bürgergesellschaft."(Probst 1997: 5)

Bevor nun auf eine kommunitaristische Ethikkonzeption eingegangen wird, sollen die Grundprinzipien des Kommunitarismus in fünf kurzen Thesen zusammengefasst werden:

1. Ein selbstbezogener Individualismus in einer entmoralisierten Massenkultur bedroht Gemeinschaftlichkeit.
2. Das Gemeinschaftliche ist dem Individuellen übergeordnet.
3. Ohne Anerkennung von Tradition ist gesellschaftliches Leben nicht möglich.
4. Das „Gute" geht dem „Rechten" voraus.
5. Moral ist ein gesellschaftliches Konstrukt, kein individuelles.

Mit der letzten These soll sich nun folgender Frage genähert werden: „Welche Sichtweise auf die Moral findet sich im Kommunitarismus?"

2 Kommunitaristische Ethik

Im oben angesprochenen „Kommunitaristischen Manifest“ weisen die AutorInnen deutlich darauf hin, daß Gemeinschaft konstitutiv für moralisches Handeln ist, daß die Stimme der Moral aus einer gemeinsamen Erzählung, Geschichte und Erfahrung resultiert; Logik kann demnach nicht den Weg zu moralischem Handeln weisen, genausowenig wie Moral auf irgendeine Weise rational anzueignen ist. Der kommunitaristische Diskurs verweist mit seiner Argumentation, daß Gemeinschaftlichkeit Moral konstituiert, gleichsam auf eine sozialisationstheoretische Annahme. So heißt es in einer längeren Passage des „Kommunitaristischen Manifests“:

> „Moralische Instanzen wirken vornehmlich durch Erziehung und Aufklärung, nicht durch äußeren Druck. Aus Gemeinschaft hervorgegangen und zuweilen im Gesetz verankert, ermahnen, belehren, appellieren sie an das, was Lincoln die besseren Seiten unserer Natur genannt hat. Sie wenden sich an unsere Fähigkeit, rational zu urteilen und ethisch zu handeln. Weil dieses wertvolle Potential so sehr vernachlässigt worden ist, ergibt sich für uns die dringende Notwendigkeit einer gemeinschaftsorientierten gesellschaftlichen Bewegung – eben des ‘Communitarian Movement‘ – , um für diese Instanzen den ihnen gebührenden Raum zu schaffen. [. . .] Die Geschichte hat gelehrt, daß es ein schwerer Fehler ist, nach charismatischen Führern Ausschau zu halten, die für das Gemeinwesen eine moralische Instanz verkörpern. Ebensowenig können politische Institutionen moralische Instanzen wirksam verkörpern, es sei denn, sie werden von einer aktiven Bürgerschaft, die sich um die moralische Orientierung der Gemeinschaft bemüht, unterstützt und kritisiert. [. . .] Am besten fängt man dort an, wo jede neue Generation ihre Wurzeln hat: zu Hause in der Familie. Die Entscheidung für Kinder bringt die moralische Verantwortung mit sich, nicht nur für ihre materiellen Bedürfnisse zu sorgen, sondern auch für eine an moralischen Werten orientierte Erziehung und Charakterbildung.“(Kommunitaristisches Manifest 1994)

Deutlich ist die Akzentuierung dessen herauszulesen, wie man zum moralischen Menschen wird: es ist die Erziehung, die Aufklärung[1], Charakterbildung und das Zurückgreifen auf die Wurzeln, die Tradition.

An dieser Stelle der Lektüre kommunitaristischen Denkens und Ethik angekommen, soll die „Klage“ über den Verlust der Tugenden von Alasdair MacIntyre näher betrachtet werden. Insbesondere MacIntyre ist hier erwähnenswert, da sein Denken und sein Werk sowohl einen eindrucksvollen Zugriff auf die Tradition der Moralphilosophie darstellt[2], als auch sein Buch „Der Verlust der Tugend“(1987) eine Breitenwirkung weit über den sogegannenten „Elfenbeinturm“ hinaus erfahren hat.

In „Verlust der Tugend“ vertritt MacIntyre die Hypothese, daß der Kontext der herkömmlichen moralischen Schlüsselbegriffe weitgehend verloren gegangen ist. Diese Schlüsselbegriffe sind in einem Prozeß abhanden gekommen, der einer Katastrophe gleichkommt, der aber außer für einige wenige vielleicht – „nicht als Katastrophe erkennbar war und erkannt wurde.“(MacIntyre 1987: 16) Das moderne Selbst „kann jede Rolle annehmen oder jeden Standpunkt beziehen, weil es für sich nichts ist“(ebd.: 52) und – nach MacIntyre – keinen Kern, keine soziale Identität mehr hat. Allein eine traditionelle Tugendethik könnte Maßstäbe zur gegenwärtigen Orientierung liefern.

MacIntyre richtet seinen Blick vor allem auf die Voraussetzungen von Moral. Dazu heißt es bei ihm, daß „ich *meine* Rechtfertigung für die Befolgung dieser moralischer Regeln in *meiner* bestimmten Gemeinschaft finde; ohne das Leben dieser Gemeinschaft hätte ich keinen Grund, moralisch zu sein.“(MacIntyre, 1993: 92) Darum ist es wichtig zu erkennen, „daß *ich* nur ein moralischer Handelnder sein kann, weil *wir* moralisch Handelnde sind – daß ich die um mich herum zur Festigung meiner moralischen Stärken und zur Hilfe bei der Überwindung meiner moralischen Schwächen brauche. Im allgemeinen werden Individuen nur in einer Gemeinschaft zur Moral fähig [. . .].“(ebd.: 92)

[1] Der Begriff der Aufklärung in dem vorangegangenen Zitat meint nicht die geistige und politische Bewegung, die ihre Kritik an der „selbstverschuldeten Unmündigkeit“ (Kant) der Menschen ansetzte, und der Begriff meint auch nicht eine Aufklärung durch rationale Vermittlung. Was hier angesprochen wird, ist vielmehr eine Belehrung, eine Sozialisierung und ein *Aufklären* mittels Sprache und ‚Vorleben‘ kultureller bzw. gemeinschaftlicher Werte.

[2] Vgl. „A Short History of Ethics“(1966), „Secularisation and Moral Change“(1967), „Against the Self-Images of the Age“(1971)

Ohne eine Gemeinschaft, ohne soziale Identität, kann man demnach nicht zu einem moralisch handelnden Menschen 'gedeihen', besonders wenn davon ausgegangen wird, daß

> „ich die Regeln der Moral nur in der Version aufnehmen kann, wie sie in einer bestimmten Gemeinschaft verkörpert sind; und *wenn* es zweitens der Fall ist, daß die Moral in Begriffen bestimmter Güter gerechtfertigt werden muß, die innerhalb des Lebens bestimmter Gemeinschaften genossen werden können; und *wenn* es drittens so ist, daß ich typischerweise nur durch die besonderen Arten moralischer Unterstützung, die mir meine Gemeinschaft gewährt, zum moralisch Handelnden werde [. . .]. Daher kann mein Eintreten für diese Gemeinschaft [oder für das Wohl dieser Gemeinschaft, Anm.d.Verf.] und das, was sie von mir verlangt – sogar bis zu dem Punkt, an dem mein Leben gefordert ist, um das ihre zu erhalten -, nicht sinnvollerweise mit dem verglichen oder dem gegenübergestellt werden, was die Moral von mir verlangt. Meiner Gemeinschaft beraubt laufe ich Gefahr, alle wirklichen Maßstäbe des Urteilens zu verlieren. Dieser Auffassung zufolge ist die Loyalität zu dieser Gemeinschaft, zur Hierarchie besonderer Verwandtschaft, zu einer besonderen lokalen und besonderen natürlichen Gemeinschaft, eine Bedingung der Moral."(ebd.: 93)

Gemeinschaft ist also Voraussetzung für moralisches Handeln und Loyalität zur Gemeinschaft ist Bedingung der Moral.

Für MacIntyre ist ferner die Frage wichtig: „Als Teil welcher Geschichte oder welcher Geschichten sehe ich mich?"(MacIntyre 1987. 288), da Erziehung zur Tugend auch heute noch über das Erzählen von Geschichten stattfindet; eine eigene Charakterrolle[3] erhalte man nicht allein aus der Entwicklung des Selbst, wie Hume oder Locke dachten, sondern von außen, aus einer Geschichte. Moral erhält somit eine narrative und gemeinschaftliche Begründung. Nicht-narrative Moralkonzeptionen werden entweder scheitern oder funktionierende Moral auflösen, also dysfunktional wirken.

Die eigene Identität geht quasi auf das narrative Phänomen des Eingebettetseins zurück, oder, anders ausgedrückt, Identität wird als erzählte Geschichte verstanden: „Ich bin daher zu wesentlichen Teilen das, was ich erbe,

[3] Hierzu sei kurz angemerkt, daß MacIntyre den ursprünglich aus der Psychologie stammenden Charakterbegriff eher soziologisch faßt, indem Charakterbildung wesentlich die Tradition voraussetzt.

eine spezifische Vergangenheit, die in gewissem Umfang in meiner Gegenwart gegenwärtig ist. Ich sehe mich als Teil einer Geschichte, und das heißt ganz allgemein, als einer der Träger einer Tradition, ob mir das gefällt oder nicht, ob ich es erkenne oder nicht."(MacIntyre 1987: 295)

Allgemeiner läßt sich dann formulieren, dass die kommunitaristische Moraltheorie den Universalitätsanspruch aufgibt und die Identität einer Person auf ihre Zugehörigkeit zu einer Gemeinschaft ‚wie der Familie, der Nachbarschaft, der Stadt und dem Stamm' begründet.(vgl. Reese-Schäfer 1997: 264)

Zusammengefasst heißt das: Gemeinschaft ist konstitutiv für Moral, da die Moral aus einer gemeinsamen Erzählung, Geschichte und Erfahrung resultiert und aus der jeweiligen Werte-, Erzähl- und Interpretationsgemeinschaft hervorgeht. Praktisch konstituiert sich moralisches Handeln dann durch die Sozialisation, durch Erziehung und Aufklärung, ebenso wie durch das Hinzuziehen von Tradition und traditioneller Tugendethik.

„Ich" kann nur moralisch sein, weil „Wir" moralisch Handelnde sind; d.h., ohne Gemeinschaft gibt es keinen Grund moralisch zu sein. Daraus folgt für MacIntyre, daß die Loyalität zur Gemeinschaft und somit das zum-Wohle-der-Gemeinschaft-Handeln eine Bedingung der Moral ist.

Bevor nun eine Kritik an der kommunitaristischen Ethik verfolgt wird, soll im folgenden die Ethik von Emmanuel Lévinas genauer betrachtet werden, die als Grundlage für diese Kritik dient.

3 Emmanuel Lévinas' Ethik

> „Die Metaphysik, die Transzendenz, der Empfang des Anderen durch das Selbe, des anderen Menschen durch mich, ereignet sich konkret als Infragestellung des Selben durch den Anderen, das heißt als Ethik; in ihr erfüllt sich das kritische Wesen des Wissens."(Lévinas 1987: 51)

An dieser Stelle soll die Ethik von Emmanuel Lévinas ins Spiel gebracht werden, die in der aktuellen politisch-philosophischen Auseinandersetzung – „gerade mit ihrem Beharren auf Gemeinschaft und Gerechtigkeit – quer zu den auf dem Modell der Bürgergesellschaft beruhenden Ansätzen von Kommunitariern und Liberalen"(Brumlik/ Brunkhorst 1993: 16) steht. Diese beiden Modelle haben ihre ideengeschichtlichen Wurzeln in der griechisch-römischen Antike, die von der Gleichberechtigung in der Regel freier, männlicher Bürger ausgingen. Lévinas steht als „moderner Fortsetzer der älteren jüdischen Philosophie"(vgl. Taureck 1991: 11) dieser antiken Tradition gegenüber. Seine Denkwelt entspringt aus zwei unterschiedlichen Quellen: aus der Bibel und den Texten der jüdischen Tradition einerseits und der Phänomenologie Husserls andererseits. Sein „Denkweg" führte ihn zu einer Kritik des Seinsdenken bzw. der Fundamentalontologie Heideggers, der er eine Ethik jenseits der bisherigen ontologisch-geprägten Philosophie entgegensetzen will, ferner zu Sartre und dem Poststrukturalismus. So weisen PhilosophInnen wie Derrida (1972, 1980, 1991, 1999), Lyotard (1987, 1989b), Irigaray oder Baudrillard Spuren von Lévinas auf. Seine phänomenologisch-geprägte Perspektive auf Verantwortung läßt sich aber nicht einfach den philosophischen Richtungen der Existenzphilosophie oder des Poststrukturalismus zuordnen, sondern sie ist – was paradox erscheinen mag – beides: Ein Humanismus der Verantwortung, den er jedoch auf eine vorgängige Verpflichtung gründet, verbindet ihn mit Sartre; die Kritik an der Präsenz einer autonomen Subjektivität verbindet ihn mit dem Poststrukturalismus.

Die hier nun folgenden, einleitenden Worte sollen einerseits als erste Wegweiser zu Lévinas' Denken dienen, andererseits als Anhaltspunkte, die in einem späteren Kapitel einer genaueren Prüfung unterzogen und gegebenenfalls kritisch betrachtet werden. Angemerkt sei hier, daß keineswegs der Anspruch erhoben wird, jeglichen Gedankengang seines Œuvres hier darzulegen. Wer vermag dies schon vollständig, außer Lévinas selbst? Doch hofft der Autor, dem/ der LeserIn einen Einblick in die „Ethik" Lévinas' zu geben, die ein „herkömmliches" Denken verwirrt, irritiert und hilft, viele Betrachtungen der nächsten Kapitel klarer erscheinen zu lassen.

Betrachtet man zu Anfang Lévinas' Argumentationsweisen, erscheinen sie erst einmal alles andere als originell; repräsentieren sie nicht – so könnte gefragt werden – eine Tradition einer Philosophie des Denkens, die sich in der ersten Hälfte dieses Jahrhunderts auf dem Weg zu den Anderen, zum Dialog, zur Intersubjektivität befindet? Man denke nur an Martin Buber, Franz Rosenzweig oder Hermann Cohen. Wie sich aber zeigen wird, insbesondere durch die Asymmetrie der Begegnung mit dem anderen Menschen, geht Lévinas einen anderen Weg.

Lévinas' Denkbewegungen – so scheint es zunächst – möchten aus einer immanenten Kritik der Phänomenologie Husserls, vor allem aber Heideggers, jene Sphäre der „erfüllten" Intersubjektivität zurückgewinnen, die am Ausgang der Kritik des tranzendentalen Idealismus und der idealistischen Subjektivitätsphilosophie seit Kant stand.

Als ein (Aus-)Weg aus der Subjektivitätsphilosophie läßt sich die existentiale Phänomenologie des Daseins von Martin Heidegger begreifen. In seiner Existential- bzw. Fundamentalontologie von „Sein und Zeit" (Orig.: 1927, im folgenden: 1993), in der er die Art und Weise, wie die Subjektivität die objektive Welt überhaupt erkennen kann (klassische Fragen der idealistischen Philosophie), durch eine Umstellung der grundsätzlichen Annahmen obsolet machen wollte, konstatiert er das Mitsein des „Daseins" aus dem Phänomen der „Sorge" heraus (vgl. Heidegger 1993: §26: 121). Das Dasein ist stets durch die Erfahrung einer intersubjektiv geteilten Welt geprägt: „'Mit' und ‚Auch' sind *existential* und nicht kategorial zu verstehen. Auf dem Grunde dieses *mithaften* In-der-Welt-seins ist die Welt je schon immer die, die ich mit den Anderen teile. Die Welt des Daseins ist *Mitwelt*. Das In-sein ist *Mitsein* mit Anderen. Das innerweltliche Ansichsein dieser ist *Mitdasein*."(Heidegger 1993: §26: 118)

Mit Heidegger verbindet Lévinas zwar die Kritik an Husserl, daß dieser Denken und Existenz miteinander identifizierte (vgl. Lévinas 1983: 65), aber dennoch wird Lévinas auch die Heideggersche (existentiale) Bestimmung des Daseins in seiner Suche nach der Unvordenklichkeit der Anderen als ursprüngliche Erfahrung nicht genügen, denn auch dieses ontologische Denken ist ein *Denken des Selben* und muß durch ein *Denken der Anderen* abgelöst werden.

Nach Lévinas können die Anderen nicht auf ein Selbiges reduziert werden und wenn es dennoch getan wird, mittels Objektivierung oder Erkenntnis, wird dem Anderen Gewalt angetan. Den häufigen Einwand, dies habe Heidegger mit seiner Analyse der Begegnung im Paragraphen 26 in „Sein und Zeit" ebenfalls behauptet, widerspricht Lévinas. Heidegger geht dort nämlich vom Verstehen aus (vgl. Heidegger 1993: § 26, 123), das immer noch eine objektivierende Perspektive beinhaltet, die der Wirklichkeit der Begegnung nicht entspricht. Wird die Wirklichkeit der Begegnung ernst genommen, sind die Anderen nicht die, die *man* versteht. Vor dem Verstehen steht die Begegnung mit den Anderen, die Nähe und die Akzeptanz. Es geht nicht um ein objektives Erkennen, Verstehen oder Denken des anderen Menschen, sondern um die Begegnung und das Empfangen als Vorbedingung des Verlassens der Ontologie hin zur Ethik. Lévinas schreibt diesbezüglich: „Eine Person verstehen heißt, bereits mit ihr zu sprechen. Die Existenz eines Anderen setzen, indem man sie sein läßt, das heißt, diese Existenz schon akzeptiert zu haben, sie schon berücksichtigt haben. ‚Akzeptiert zu haben', ‚berücksichtigt haben' läßt sich nicht auf Verstehen, auf das Seinlassen zurückführen."(Levinas 1983: 111)

Ein anderer Kritikpunkt an Heidegger, der hier der Vollständigkeit halber erwähnt sein will, besteht in der Annahme Lévinas', daß Heidegger dem Sein einen Vorrang vor dem Seienden gegeben habe. Indem Heidegger das Sein von allen Seienden abhebe, befestige er jene Form von Subjektivität, die er doch angeblich kritisieren wolle. Die Phänomenologie Husserls und Heideggers denke sich die Subjekte einsam und unfähig, den anderen Menschen in seiner/ ihrer Andersheit zu begegnen (vgl. Lévinas 1983: 62). Das Denken des Seins Heideggers neutralisiere den Fremden als Seienden: „Die Heidegger'schen Thesen vom Vorrang des ‚Seins' vor dem Seienden, der Ontologie vor der Metaphysik, vollenden und bejahen insgesamt eine Tradition, in der das Selbe das Andere dominiert [...].“(Lévinas 1983: 195)[1]

Lévinas zufolge ist die abendländische Philosophie durch ein „Denken der Identität“ geprägt, das darauf angelegt ist, die Anwesenheit des Anderen zu tilgen, um jenes mystische Selbst zu finden, das frei von jedem Anderen nur mit sich selbst identisch ist. Das Andere gilt in dieser Tradition als Entfremdung des Selbst von sich; der/ die Andere ist die/ der Fremde, durch den/ die das Selbst bedroht wird.

Ein bedeutendes Werk von Lévinas ist das 1961 publizierte „Totalité et Infini“ (dt.: Totalität und Unendlichkeit, 1987). Dort kommt er u.a. zu der Überzeugung, daß das, was den Vorrang der Moral in Frage stellt, nicht der Widerstreit von guten oder bösen Kräften im Menschen ist, sondern der Umstand, daß der Mensch Teil einer Wirklichkeit ist, die ihn umfaßt – Realität der Gesellschaft, der Politik, der Geschichte – und im Verhältnis zu der seine Freiheit als Subjekt als bloße Illusion erscheint.[2] Ferner, wenn es wahr ist, daß Wahrheit sich in der Totalität oder Immanenz findet, wie es die abendländische Philosophie immer wieder beteuert, und nicht in den Teilen, aus denen sie zusammengesetzt ist, dann bleibt dem individuellen Subjekt nichts anderes übrig, als sich vor der Notwendigkeit (sei es der Geschichte oder der des Logos), von der Totalität beherrscht zu werden, zu beugen.

[1] Man muß sich kurz dieser wichtigen These von Lévinas stellen und sich kritisch fragen, ob Lévinas in diesem Punkt seine Heidegger-Kritik nicht zu weit treibt. Nach Heideggers Bestimmung des Seins in „Sein und Zeit“ kann es eine Prioritätsordnung nur zwischen zwei Dingen, zwischen zwei Seienden geben. Da das Sein nichts außerhalb des Seienden ist, kann es in keiner Weise, weder in der Zeit noch seiner Würde nach, diesem vorangehen. Es kann somit nicht von einer Unterordnung des Seienden unter das Sein ausgegangen werden. Das Sein ist das Sein dieses Seienden und existiert nicht außer ihm als fremde Macht oder als neutrales Element. (Vgl. Heidegger 1993: §9: 41; Heidegger 1967: 157 und 162f; Derrida 1972: 206ff)

[2] An späterer Stelle in diesem Essay werden wird darauf noch einmal zurückgekommen, wenn es darum geht, wie die Verantwortung, ausgelöst durch die Begegnung mit dem anderen Menschen, manipuliert oder zunichte gemacht wird. Hierbei wäre ein Vergleich mit Heidegger interessant: Das Dasein im existentialen Modus des Man-selbst übernimmt die Entscheidungen und Urteile der Öffentlichkeit nicht in der Meinung, es habe persönlich für sie einzustehen, sondern es geht vielmehr davon aus, andere übernehmen die je-seinige Verantwortung. Es wehrt sich dagegen, in der Übernahme von Verantwortung Achtung und Stellung, die es in der Öffentlichkeit genießt, zu gefährden. Öffentlichkeit, die Berufung auf allgemein anerkannte normative Regeln als auch die eventuelle Berufung auf (prozedurale oder gesellschaftliche) Sachzwänge gewähren dem Einzelnen Entlastung. Dadurch wird dem einzelnen Dasein zwar die Mühsal der Wahl zwischen verschiedenen moralischen Handlungsorientierungen genommen, zugleich aber auch die Möglichkeit zur Verwirklichung seiner Freiheit.(Vgl. Heidegger, 1993: 268; Sitter 1975: 132f)

> Dieser Auffassung von Sein „als immanentem Verhältnis eines Denkens, das mit einer unüberholbaren Totalität als absolut gesetzt wird, stellt Lévinas die Beziehung des ethischen Subjekts mit einer Transzendenz, die außerhalb dieses Systems des objektivierenden Denkens bleibt, gegenüber. Die besagte Transzendenz ist die des Gesichts des anderen Menschen, wie es sich in seiner absoluten Andersheit, daß heißt *außerhalb jeglichen Kontextes*, offenbart: Im ethischen Verhältnis zum Anderen ist meine Verantwortung ihm gegenüber unbedingt, sie übersteigt alle – psychologischen, historischen oder sozialen – Bedingtheiten, die sie begrenzen könnten."(Mosès 1993: 366)

3.1 Das appellierende ,Sagen' des Antlitzes

> „Die Eingebundenheit in eine Landschaft, die Anhänglichkeit an den Ort, ohne die das Universum bedeutungslos werden und kaum existieren würde – das ist die Spaltung selbst der Menschheit in Einheimische und Fremde. [...] Infolgedessen erscheint eine Chance: die Menschen außerhalb der Situation wahrzunehmen, in der sie vorübergehend eingerichtet sind, das menschliche Gesicht in seiner Nacktheit aufleuchten zu lassen."(Lévinas 1991: 18)

Das *Gesicht* des/ der Anderen ist jedoch nicht so sehr in seiner empirischen Bedeutung zu lesen, es bezeichnet nicht nur die Physiognomie; es ist aber auch nicht bloß eine Metapher: Über die leibliche Wirklichkeit der/ des Anderen hinaus, bedeutet das Gesicht die reine Kontingenz der/ des Anderen, in seiner/ ihrer Schwäche und Sterblichkeit, oder im Lévinas'schen Terminus: in seiner/ ihrer Ausgesetztheit und Unbeholfenheit, d.h. in der stummen Bitte, die er/ sie durch die bloße Präsenz an mich richtet. Das Gesicht offenbart mir die Realität der/ des Anderen in seiner/ ihrer Menschlichkeit, jenseits aller sozialen Rollen. Das Antlitz gibt sich nicht nur durch Gesehenwerden kund, sondern es *spricht*. Lévinas bezeichnet dieses Sprechen, dieses ursprüngliche, nicht der konstituierenden Sinngebung des transzendentalen Bewußtseins entstammende Bedeuten des Antlitzes als einen *Appell* auf den das sich im *Sagen* konstituierende Subjekt antwortet. Damit ist ein Sprechen gemeint, das noch vor jeder verbalisierten und verdinglichten Aussage, vor jeder Formulierung und Thematisierung als das reine Mich-Angehen des anderen Menschen geschieht.[3] Dieses Rufen des Anderen hat wesentlich einen appellierenden Charakter. Der Appell des Antlitz des anderen Menschen fordert „mich“ auf zu antworten; zu antworten auf die Verwundbarkeit und Unbeholfenheit und auf die Bitte, die aus dem Antlitz spricht. Die Bitte, die da lautet: Du wirst mich nicht töten. Eine Bitte, die sich nur an mich richtet und die mich ver*antwort*lich macht.

Den Anderen von Angesicht zu Angesicht gegenüberstehen, heißt für Lévinas gerade nicht, dem Bereich der Kontingenz und der Endlichkeit zu entgehen. Nein, im Gegenteil: in der Situation, in der sich die Menschen einander ins Antlitz schauen, begegnen sich ein Dasein mit einem Dasein, eine Kontingenz mit einer Kontingenz; eine Subjekt-Objekt Perspektive des metaphysischen Denkens wäre hier unangemessen (vgl. auch Rorty 1992). Die Andersheit der Anderen, ihre absolute Kontingenz und ihre absolute Unvordenklichkeit reißt das Bewußtsein aus seiner Immanenz und Endlichkeit heraus und verweist auf das Unendliche bzw. auf eine Jenseitigkeit (Illeität, wie Lévinas sagen würde). Das Antlitz bedeutet als Spur, d.h. es gibt ohne Intention ein Zeichen.[4] Durch diesen Gedanken eines Gegenübers, das jegliche mentalen Akte bzw. Intentionen verfehlen muß, kann Lévinas auch

[3]Im konkreten Vollzug muß sich dieses ursprüngliche, wortlose Sagen wandeln und in Gesagtes, Aus-Gesagtes, in objektivierende Rede inkarnieren. Aber ebenso notwendig ist es, daß das Gesagte sich ständig in Frage stellen und transformieren läßt von der Forderung des anderen Menschen. „Diese Umwandlung des Bewußtseins scheint nicht genügend bedacht zu werden in der sog. Diskursethik. [...] An den entscheidenden Stellen kann der Diskurs keine kontinuierlichen Schritte machen – die würden sich immer noch innerhalb der Dimension des ‚Selben‘ bewegen.“(Wenzler 1989: XXVI) In Derridas Aufsatz „Eben in diesem Moment in diesem Werk findest du mich“(1990), den er an Lévinas richtet, bemerkt Derrida, daß bei Lévinas' Sprachkonzeption eine Bedingung für Sprache benannt sei, die vom artikulierten Sprechen bzw. dem Gesagten auch verfehlt werden könne. Und dennoch: „Obwohl die Sprache auch, indem sie zur Präsenz, zum Selben, zur Ökonomie des Seins zurückführt, das ist, was niemals *sicher* sein Wesen in diese dem Anderem Antwort schuldende Verantwortung hat als einer Vergangenheit, die niemals gegenwärtig gewesen sein wird, ‚ist‘ es doch diese Verantwortung, die die Sprache in Bewegung setzt. Es gäbe keine Sprache ohne diese (ethische) Verantwortung [...].“(Derrida 1990: 55) Damit verstärkt Derrida die Konzeption von Sprechen des Antlitzes, das *vor* einer verbalisierten Form geschieht und ergänzt diese durch einen dynamischen Aspekt, wie er z.B. auch der differánce eigen ist: Sprache ist nicht nur Artikulation von Signifikanten, sondern (vor allem) eine Bewegung hin zu etwas, zum anderen Menschen (vgl. Taureck 1991: 98).

[4]„Trace, for Lévinas, refers to the ‚unthinkable‘; it can be thought as ‚the presence‘ of whoever, strictly speaking, has never been there, of someone who is always past‘.[...] We can imagine the trace of the other to be marked by the ‚a‘ of différance, this unrepresentable spacing which, nevertheless, makes all thought possible.“(Venn 1997: 21)

Husserls „Intentionalität" ablehnen. Das bedeutet, daß das Entsprechungsverhältnis der Intentionalität, wonach jede Noesis ein Noema besitzt, bei der Unendlichkeitsvorstellung nicht mehr funktioniert: das, was dem Bewußtsein begegnet, kann mit dem Bewußtsein nicht mehr völlig erfasst werden.[5] Für Lévinas fallen der Gedanke des Unendlichen mit der Erfahrung der Kontingenz der Anderen und des eigenen Lebens zusammen.[6] Es wird immer einen Rest geben, den die Objektivierung verfehlt. Der/ die Andere führt vielmehr zu einer Idee der Unendlichkeit[7], zu einer vorurteilsfreien Sicht der Anderen: „Die Andersheit des Anderen wird nicht annulliert, sie schmilzt nicht dahin in dem Gedanken, der sie denkt. Indem es das Unendliche denkt, denkt das Ich von vornherein mehr, als es denkt. Das Unendliche geht nicht ein in die *Idee* des Unendlichen, wird nicht begriffen; diese Idee ist kein Begriff. Das Unendliche ist das radikal, das absolut Andere. Die Transzendenz des Unendlichen mir gegenüber, der ich davon getrennt bin und es denke, stellt das erste Zeichen seiner Unendlichkeit dar."(Lévinas 1983: 197)

Daraus ergibt sich für Lévinas zweierlei: erstens führt die Kontingenz der Anderen zu einer Vorstellung bzw. Spur[8] der Unendlichkeit des endlichen Mitmenschen und zweitens zu einer basalen Moral:

> „Das Bewußtsein wird durch das Antlitz in Frage gestellt. Diese Infragestellung läuft nicht auf das Bewußtsein dieser Infragestellung hinaus. Das absolut Andere spiegelt sich nicht im Bewußtsein. Es widersteht dem Bewußtsein so sehr, daß nicht einmal sein Widerstand sich in Bewußtseinsinhalt verwandelt. Die Heimsuchung besteht darin, sogar

[5] Die Offenbarung, die Erscheinung oder die „Entbergung" des/ der Anderen ist *zugleich* Verbergung, unendlich und nicht zu erfassen. Außerordentlich, wie Lévinas hier dem Andenken Heideggers verpflichtet zu sein scheint, seinem Denken des sich je schon entziehenden Bezugs, eines sich je schon enteignenden Ereignisses, eines sich verbergenden/entbergenden Seins.

[6] Lévinas bezieht sich bei der „Idee des Unendlichen" auf die Cartesianische Idee des Unendlichen, bei der das ideatum dieser Idee, also das, worauf diese Idee abzielt, unendlich größer ist als der Akt selbst, durch den man es denkt.

[7] Die Idee der Unendlichkeit findet sich ebenfalls in dem französischen à-Dieu-Sagen, das Derrida Emmanuel Lévinas bei dessen Begräbnis am 27. Dezember 1995 nachrief (vgl. Derrida, 1999).

[8] Man kann sich die Spur der Anderen durch die Hervorhebung des „a" in dem Derridaschen Begriff der „différance" vorstellen (vgl. Derrida 1986) „Es gibt nichts, weder in den Elementen noch im System, das irgendwann oder irgendwo einfach anwesend oder abwesend wäre. Es gibt durch und durch nur Differenzen und Spuren von Spuren."(Derrida 1986: 67) Hat man das Gefühl, den anderen Menschen voll erfaßt zu haben, entdeckt man wieder eine neue Spur bei ihm/ihr.

> die Ichbezogenheit des Ich umzustürzen, das Antlitz entwaffnet die Intentionalität, die es anzielt. [...] Die Infragestellung des Selbst ist nichts anderes als das Empfangen des absolut Anderen. Die Epiphanie des absolut Anderen ist Antlitz, in dem der Andere mich anruft und mir durch seine Nacktheit, durch seine Not, eine Anordnung zu verstehen gibt. Seine Gegenwart ist eine Aufforderung zur Antwort. [...] Das Jenseits, von dem das Antlitz kommt, bedeutet als Spur."(Levinas 1983: 223ff)

3.2 Der ethische Vorrang der/ des Anderen

> „Wir alle sind für alles um uns herum und vor allen Dingen für den Anderen verantwortlich, und keiner mehr als ich selbst."(Lévinas 1982)

Lévinas' Denken distanziert sich in erster Linie von der europäischen Philosophie darin, indem er der Meinung ist, daß jede „philosophische Erfahrung auf einer präphilosophischen Erfahrung [ruht]."(Lévinas, EM 1984: 142) Philosophie ist mit eigener Erfahrung verbunden, die wiederum auf etwas zurückverweist, auf vorher Erfahrenes, etwas, das außerhalb philosophischer Sätze Gültigkeit hat: „Ich habe im jüdischen Denken die Tatsache gefunden, daß die Ethik nicht eine einfache Seinsregion darstellt. Die Begegnung mit dem anderen Menschen bietet uns den ursprünglichen Sinn überhaupt, und in seiner Verlängerung findet man allen weiteren Sinn. Die Ethik ist eine entscheidende Erfahrung."(Lévinas 1984: 142)

Dieses Zitat erfaßt einige wesentlichen Elemente Lévinas'scher Ethik, wie z.B. 'Ethik stelle keine einfache Seinsregion dar' oder 'die Begegnung mit dem anderen Menschen bietet uns den Sinn überhaupt', auf die im folgenden näher eingegangen wird.

Die erste These beinhaltet eine Kritik an der vorherrschenden Ontologie. Um dies zu erläutern, soll kurz ausgeholt und eine Begriffsopposition aus „Totalité et infini" (1961) benutzt werden, die für die Alternative zwischen eines griechisch-okzidentalen Humanismus (einschließlich Sartre und Heidegger) und dem Humanismus jüdischer Tradition steht: der Gegensatz von Sokratismus und Messianismus.

Die Entdeckung des *menschlichen Selbst* entstammt der sokratischen Tradition und wurde von Hegel sogar als bedeutender Wendepunkt der Geschichte und als Fortschritt im Bewußtsein der Freiheit bestimmt[9]. Lévinas schreibt dazu folgende Kritik:

> „Die okzidentale Philosophie ist [...] eine Reduktion des Anderen auf Dasselbe gewesen, und zwar mit Hilfe eines mittleren und neutralen Terminus, der die Erkenntnis des Seins sichert. Dieser Primat desselben war die Lehre des Sokrates. Nichts vom Anderen empfangen, als das, was in mir ist. [...] Erkennen läuft darauf hinaus, [...] das Sein [...] seiner Andersheit zu entkleiden. [...] Hinsichtlich der Dinge geschieht ihre Übergabe durch ihre begriffliche Formulierung. Hinsichtlich des Menschen ist sie erreichbar durch den Terror, der den freien Menschen unter die Herrschaft eines anderen führt. Hinsichtlich der Dinge besteht das Werk der Ontologie darin, das Individuum (das allein existiert), nicht nur in seiner Einzelheit zu ergreifen, sondern in seiner Allgemeinheit, von der es allein Wissenschaft gibt. Die Beziehung zum Anderen erfüllt sich darin allein durch einen dritten Terminus, den ich in mir finde. Das Ideal der sokratischen Weisheit beruht folglich auf der wesentlichen Genügsamkeit Desselben, auf seiner Identifizierung als Selbstheit, auf seinem Egoismus. Die Philosophie ist eine Lehre von der Ichheit (egologie).“(Lévinas 1961: 14 bzw. dt.: 1987: 53)

Das Übel des sokratischen Denkens liegt in der theoretisch-erkenntnisförmigen Welterschließung, in der Erkennen durch das Dazwischenschieben eines „dritten Terminus“ zwischen dem „Ich“ und das, was dem „Ich“ begegnet, Vermittlung[10] bedeutet. Was dem Ich begegnet ist nicht mehr Andersheit, sondern etwas selbiges, ein *alter ego*. Insofern verweist Subjektivität nicht auf etwas anderes, sondern nur auf sich: Ich = Ich. Anderes kann in Selbigem nicht auftreten.[11]

[9] vgl. G.W.F. Hegel, Vorlesungen über die Philosophie der Geschichte, in: Werke, Bd. 12, Frankfurt/ M. 1970: 328ff

[10] Diese Vermittlung kann auch im sozialen Raum als Mediatisierung (Vermittlung) des Handelns auftreten, wie es sich z.B. in Verwaltungen und Bürokratien überhaupt abspielt. BeamtInnen sind z.B. VermittlerInnen zwischen mir und dem Staat. Ihr Handeln ist mediatisiert.

[11] Dabei darf Lévinas' Sichtweise nicht mit der Hegels verwechselt werden, der dem Anderen gerecht werden wollte, indem er „Identität“ zur „Differenz“ im Namen einer beide umfassenden „Identität der Identität und Nicht-Identität(Differenz)“ überschritt.(Hegel 1963, Wissenschaft der Logik I, Hamburg: 59) Lévinas schreibt hingegen, daß die Aufnahme des anderen Menschen durch „Subjektivität“ weder eine Handlung ist, die das Subjekt machen

Lévinas stellt dagegen die Subjektivität als eine den anderen Menschen aufnehmende dar, d.h. als Gastlichkeit. Der/ die Andere ist konstitutiv für „mich", der andere Mensch konstituiert „mich" als Subjekt.

Es wird als eine große Errungenschaft der okzidentalen Zivilisation gesehen, daß die anderen Menschen nicht nur logisch und empirisch, sondern auch rechtlich und moralisch mit jedem *Ego* gleich behandelt werden. Es wird gesagt, der/ die Andere ist gleichartig mit mir. Dagegen steht Lévinas' Behauptung, das Andere ist der/ die vollständig Andere: „L'absolument Autre, c'est Autrui"(Lévinas 1961: 9 bzw. dt.: 1987: 44).[12]

Diese metaphysisch anmutende Andersartigkeit oder Fremdheit des anderen Menschen[13] ist so zu verstehen, daß der andere Mensch *absolut* anders ist als das Ich.[14]

Dies erschüttert zunächst eine Selbstverständlichkeit der sokratischen Tradition, in der die/ der Andere als ein anderes Ich angesehen wurde. Es ist beunruhigend deswegen, weil die Möglichkeit ausgeschlossen wird, den anderen Menschen in den Begriff „Ich" einzuholen bzw. ihn/ sie in irgendeiner Weise *analog* zum Ich zu begreifen. Lévinas zufolge versagt eine analogische Übertragung hinsichtlich des anderen Menschen, denn woher kann man

---

oder unterlassen kann, noch geschieht sie nur als eine moralische Handlung innerhalb bereits als Identität vorausgesetzter Institutionen (Gesellschaft, Gemeinschaft), sondern eine Ermöglichung von Subjektivität besteht durch deren immer schon geschehene Öffnung zum Anderen. Hierbei kann natürlich sehr deutlich der Einfluß Husserls auf Lévinas herausgelesen werden. Inwiefern aber Lévinas der Husserl'schen Subjektphilosophie entkommen will, wurde in den einleitenden Worten zu diesem Kapitel dargelegt.

[12] Die Unterscheidung von Lévinas zwischen l'autre und autrui ist im Deutschen nur durch eine Umschreibung wiederzugeben: Autrui: ein leibhaftiger anderer Mensch, dem ich ins Antlitz blicke; l'autre: der andere Mensch als die Spur des Unendlichen „Jenseits des Seins". (vgl. Lévinas 1986: 39; Fußnote 4) „Autrui" ist dabei sowohl im Singular als auch im Plural sowie männlich als auch weiblich zu verstehen.

[13] Hier könnte man mit Georg Simmel und seinem brillianten „Exkurs über den Fremden" ergänzen, daß selbst in die „engsten Verhältnisse ein Zug von Fremdheit [kommt]"(Simmel 1992: 769), selbst in erotischen Beziehungen kann Fremdheit einsetzen, so daß „das vollkommene Erkennen dennoch eine vollkommene Gleichsetzung vorraussetzen [würde]"(Simmel 1992: 48), die es aber nicht gibt und demzufolge der/ die Andere immer auf irgendeine Weise fremd und anders ist. (Vgl. auch: Bauman 1995, Moderne und Ambivalenz, S.: 82) In erotischen Beziehungen wird die Andersheit des anderen Menschen nicht reduziert, sondern voll bestärkt, und das ist auch die Bedingung für das Gelingen der Beziehung.

[14] Wie schon angesprochen, versteht Lévinas mit „absoluter Andersheit" die Unmöglichkeit, einem objektivierenden Konstitutionsprozeß eines transzendentalen Ich zu unterliegen.

sicher sein, daß der/ die begegnende Andere ein anderes Ich und nicht unendlich anders ist? Sobald diese Frage bzw. dieser Zweifel auftaucht, wird deutlich, daß die analogische Fassung des begegnenden anderen Menschen nicht per se frei von dem Verdacht ist, etwas zu überspielen: nämlich genau die anders bleibende Anders- bzw. Fremdheit des anderen Menschen. Ist der andere Mensch nicht einfach schon allein durch sein Menschsein zumindest gattungsmäßig mit allen anderen gleichartig? Ist nicht jede Vereinigung von Menschen eine Gruppierung von gleichartigen, gemeinschaftsfähigen Lebewesen? Lévinas spricht nicht von gattungsmäßigen und gleichartigen Menschen, sondern von einer Fremdheit, Unendlichkeit, Kontingenz und absoluten Andersartigkeit des anderen Menschen, sofern er/ sie „mir" begegnet; diese Andrsheit ist nicht dadurch zu entkräften, daß viele Menschen in einer 'neutralen' intersubjektiven Situation oder Koexistenz sich als gleichartig fühlen. Was hier stattfindet, ist nicht die Beziehung der 1. Person zur 1. Person oder die juristische Rede der 3. Person zur 3. Person, sondern es ist die Beziehung der 1. Person (ich) zur 3. Person (der/ die Andere).

Was heißt das nun für eine Konzeption von Ethik? Von der sokratischen Tradition aus gedacht, war der/ die Andere ein *alter ego*, weil er/ sie mir gleichartig und als Gleichwertiges zu behandeln ist: *Ich* soll mich zu anderen *Ichen* so verhalten, daß von beiden im Sinne eines regelförmigen Verhaltens gesprochen werden kann: ich bin bereit, mich wie in der 3. Person zu verhalten. Lévinas' Ethik beruht aber auf der Beziehung meiner Begegnung (1. Person, *Ich*) mit dem anderen Menschen (3. Person, *der/ die Andere*): Der/ die „mir" begegnende Andere macht „mich" erst zu einem moralischen Subjekt. Verantwortung für den /die AndereN ist die wesentliche und primäre Struktur zur Ermöglichung von Subjektivität. Ethik folgt nicht aus Subjektivität, sondern vielmehr ist Subjektivität existential ethisch. Subjektivität meint hier eine Beziehung zu sich, die erst über die Beziehung bzw. über das Ereignis der Erfahrung des/ der Anderen entsteht, eine Erfahrung, die Infragestellung und Unterbrechen des Bewußtseins ist (vgl. Lévinas 1989b: 5): „Gerade in dem Maße, in dem die Beziehung zwischen dem Anderen und mir nicht gegenseitig ist, bin ich dem Anderen unterworfen (Je suis sujétion à autrui); und vor allem in diesem Sinn bin ich Subjekt (sujet)". (Lévinas 1986: 75f)[15]

[15]Vgl. hier auch Foucaults Begriff des *assujetissement*, der subjektivierenden Unterwerfung(Foucault 1977: 78; 1987b: 246f).

Die Beziehung zum/ zur Anderen ist es, welche die Beziehung zu sich selbst erst begründet, in der das Ich sich in seiner Einzigkeit findet. Aufgrund dieser doppelten Beziehung zum Anderen und sich würde man fehlgehen, Lévinas' Ethik altruistisch zu nennen, denn es geht in ihr sehr wohl auch um das Ich (vgl. Schmid 1993). Die Beziehung zum Anderen als Ethik impliziert jedoch, daß man auch vom Anderen soweit getrennt ist und der Andere nicht in einem analogen Verhältnis aufgeht. Aus diesem Grunde ist die Beziehung auch eine Nicht-Beziehung: Beziehung ohne Beziehung.

Erst durch die intersubjektive Situation der Begegnung von Angesicht zu Angesicht wird man zu einem „Ich" und müßte sich demnach eigentlich akkusativisch[16] begreifen, sprich als ein „Mich"; dies bedeutet zugleich Entsubjektivierung des „Ich" zum „Mich". Lévinas spricht in diesem Zusammenhang von einer „Diachronie" oder einer „diachronen Zeit" im Unterschied zur synchronen Zeit des Gesagten, des Präsenz oder des Logos. Bevor man ein bewußtes „Ich" ist, ist man in einer Passivität, aber nicht im reziproken Sinne von Aktiv-Passiv, sondern eine Passivität noch vor dieser Opposition: Die Verpflichtung für den Anderen, die außerhalb der Aktiv-Passiv – Opposition steht, diese Verpflichtung nennt Lévinas auch *an-archisch*, d.h. ohne Herrschaft, ohne Anfang:

> „Die radikale Andersheit des Anderen im ethischen Verhältnis bedeutet vor allem, daß dieses Verhältnis nicht reziprok ist. Es geht nicht um ein Tauschgeschäft, bei dem der Andere dazu verurteilt wäre, mir das, was ich ihm an Gutem getan habe, zurückzuerstatten. Eine solche Wechselseitigkeit ist das Kennzeichen der ökonomischen Bezie-

[16]Die Tatsache, daß Lévinas doch ein Element artikulierter Sprache aufnimmt: „Ich" als Akkusativ, als „mich"(vgl. Lévinas 1974: 143) begreift, widerspricht nicht seinem gegen den Logozentrismus gerichteten Ansatz. Er meint, daß das Gesagte eine „Spur" des „Sagens" aufbewahre (ebd.:69) und daß der biblische Text „heilige Schrift" sei, *bevor* sie geheiligter Text werde.(vgl. 1989c: 361) Obwohl dies ganz offensichtlich eine Annäherung an Derrida bedeutet,kann man dennoch in Bezug auf Derrida bezweifeln, ob man überhaupt von einem „Bevor" schreiben oder sprechen kann, da gesprochenes Wort und geschriebene *Spur* gleichursprünglich sind und sich fortgesetzt ergänzen, ersetzen bzw. supplementieren. Die Ursprungsfrage, wenn sie noch gestellt wird, ist nicht mehr beantwortbar. Anstatt „Bevor" oder „Vorrang" zu denken, sollte man eher an ein Zugleich oder Nebeneinander denken, im Sinne eines geographischen Denkens nach Foucault. (vgl. hierzu auch Kimmerle 1988 und Derrida 1992) Dies gilt meiner Meinung nach auch für die Auffassung, „Fürsein kommt vor dem Mitsein". Ich denke, daß es auch hier zutrifft, daß beide gleichursprünglich sind. Dies aufzuzeigen und zu erhellen und damit (moralische) Auswege aus Liberalismus und Kommunitarismus zu entwerfen, wird die Aufgabe eines der folgenden Kapitel sein.

> hungen, deren Kreislauf durch die Regel des gegenseitigen Nutzens beherrscht wird; sie erfaßt nicht die Einzigartigkeit des ethischen Verhältnisses, bei dem das Ich gegenüber dem Anderen zurücktritt [...]. Der Andere, schreibt Lévinas, betrifft mich vor aller Schuld, die ich ihm gegenüber eingegangen bin, ich bin für ihn verantwortlich, unabhängig von allem, was ich ihm schuldig geblieben bin und was ich an ihm verschuldet habe. Dieses Verhältnis, in dem die Verpflichtung gegenüber dem Anderen den Vorrang vor allem hat, was ich von ihm erwarten könnte, ist wesentlich asymmetrisch."(Moses 1993: 367f)

Eine absolute Verantwortlichkeit, die als Anspruch aus der Erfahrung des Antlitzes des (unendlich) Anderen hervorgeht, ist als Forderung von gänzlich anderer Art als die üblichen Forderungen der Moral, die durch abstrakte Grundsätze, Universalitätskriterien oder (traditional-normative) Regeln begründet werden.[17]

Das gebietende Sprechen des Antlitzes hat keinen Anfang, kein Prinzip, von dem es ausgeht. Dies bestimmt auch die Gestalt der Freiheit in diesem Verhältnis zum Anderen, eine Haltung, die weder willkürliche Dezision noch erzwungene, unausweichliche Unterwerfung unter ein fremdes Gebot ist. Freiheit hat hier die Gestalt des *Antwortens*. Antwort und Ver*antwort*ung ist als Vollzug auf der Seite des Ich, auf der anderen Seite aber initiiert von dem Antlitz des/ der Anderen. Freiheit trotz der Passivität wider eigenen Willen. Sie verpflichtet unausweichbar zum Antworten, aber *wie* man antwortet, daß ist jedesmal nach Situation neu zu entscheiden.[18] Erst die Passivität macht das Antworten und damit das Subjektsein möglich. „Insofern ist

[17]Derrida schrieb im Bezug zur Verantwortlichkeit in einem Buch, das er Chris Hanis widmete, der ermordet wurde, weil er Kommunist war, folgendes: „Keine Gerechtigkeit – sagen wir nicht: kein Gesetz, und noch einmal: Wir sprechen nicht vom Recht – keine Gerechtigkeit scheint möglich oder denkbar ohne das Prinzip einer Verantwortlichkeit, jenseits jeder lebendigen Gegenwart, in dem, was die lebendige Gegenwart zerteilt, vor den Gespenstern jener, die noch nicht geboren oder schon gestorben sind, seien sie nun Opfer oder nicht: von Kriegen, von politischer oder anderer Gewalt, von nationalistischer, rassistischer, kolonialistischer, sexistischer oder sonstiger Vernichtung, von Unterdrückungsmaßnahmen des kapitalistischen Imperialismus oder irgendeiner Form von Totalitarismus."(Derrida 1995: 11f) Zur Unterscheidung Derridas zwischen Gerechtigkeit und Recht und der wechselseitigen Implikationen dieser Begriffe, insbesondere der Nicht- Dekonstruierbarkeit der Gerechtigkeit, wie Derrida schreibt, sei hier auf sein Buch „Gesetzeskraft. Der mystische Grund der Autorität"(1991) verwiesen.

[18]Aus diesem Grunde ist Lévinas' Ethik auch keine fundamentalistische Ethik, weil er nicht vorgibt, wie zu entscheiden ist.

das Ich dem Anderen unterworfen (sujeté) und wird erst durch diese Unterwerfung (sujétion) zum wahren, unverwechselbaren Subjekt.(Wenzler 1989: XV)

3.3 Jenseits von Sein

„Das Unendliche ist nicht assimilierbare Andersheit, absolute Unterscheidung zu allem, was sich zeigt, gesehen werden will, sich in Symbolen verewigt, sich ankündigt und in Erinnerung ruft – zu allem, was sich präsentiert und repräsentiert und so mit dem Endlichen, dem Selben zeitgleich macht. Es ist Jenes, Jen-heit: *Illeitas*."(Lévinas 1995: 78)

Weiter oben wurde schon die Vorzeitigkeit[19] einer ethischen Forderung im Menschen angesprochen: Lévinas stellt dem „Sein" der Ontologie – jenem „esse"(lat.: sein), welches als „inter-esse" (lat.: teilnehmen, dazwischensein, mitsein) erscheint, das „Des-interesse", das Sich-vom-Sein- Lösen, das Jenseits von Sein gegenüber, „in welchem die Subjektivität sich von der Sorge, die Wirklichkeit zu ergreifen, um sie zu verstehen und zu beherrschen, zurückzieht. Dieses Sich-vom-Sein-Lösen bringt den Vorrang einer anderen Sorge im Menschen zum Ausdruck, der des „Für-den-Anderen", die über dem Prinzip des Beharrens im Sein, von dem die ganze Ontologie bestimmt ist, steht."(Mosès 1995: 373)

Die Absetzung der Souveränität des Ich ist die soziale Beziehung zum anderen Menschen, die selbst-lose (des-inter-essé) Beziehung, ein Sich-Lösen vom je eigenen Sein.

So impliziert beispielsweise Heideggers *Mitsein* ebenso eine Symmetrie von Anfang an und erreicht somit nicht den ethischen Impetus der Möglichkeit des Für-Seins. Bei Heidegger bin Ich mit den Anderen ein „Wir" –

[19]Die Sätze, die eine Idee des ethischen Seins jenseits des Seins vermitteln, klingen oft kompliziert oder sperrig. Dies liegt bestimmt auch an der Sprache, die unter der Herrschaft der Ontologie organisiert ist. Vielleicht hilft es aus den sich daraus ergebenden Schwierigkeiten heraus, wenn man sich das „Sein" in Levinas' ethischem Diskurs in Bezug – auf Derrida – in Gestalt einer Streichung (sous rature) vorstellt.(vgl. dazu Derrida 1972) Oder man entschließt sich, die These (Ethik als ein Sich-vom-Sein-Lösen) als eine Husserl'sche Geste zu interpretieren, als eine Übung in transzendentaler Reduktion, wobei in diesem Fall die Epoché an die ‚empirische Welt' angewendet wird; die ganze Welt der Ontologie wird für den Augenblick ‚suspendiert', in dem man die Moralität erkundet. (Zum besseren Verständnis des Begriffs „Epoché" s.: von Herrmann 1981: 45f)

Ich und der Andere –, da „auf dem Grunde dieses *mithaften* In-der-Welt-seins [...] die Welt schon immer die [ist], die ich mit den anderen teile."(Heidegger 1993: 118) Lévinas schreibt dagegen: „Miteinandersein ist bei Heidegger nur ein Moment unserer Präsenz in der Welt. Sie [die ethische Beziehung des Miteinanderseins, Anm.d.Verf.] hat keine zentrale Bedeutung. *Mit* [dt.i.Org.], das heißt immer sein neben [...], das ist nicht in erster Linie das Antlitz, das ist *zusammensein* [dt.i.Org.], vielleicht *zusammenmarschieren* [dt.i.Org.]."(Lévinas 1995: 148)

Auch in jenem Satz Heideggers spürt Lévinas wieder die *Egologie* auf; insbesondere in Heideggers Weltanschauung in *Sein und Zeit*, in der die Wirklichkeit des Menschen durch die Sorge um seinen *eigenen* Tod definiert wird. Die Beziehung zum/ zur Anderen im Heidegger'schen Mitsein versagt nach Lévinas dort, wo es um das *eigentliche* Seinkönnen geht. Das „Seinkönnen aus dem eigenen Selbst" ist grundlegend für das Konzept der Heidegger'schen Eigentlichkeit. Lévinas setzt dem gegenüber ganz anders an: erst die Sorge um den Tod des *anderen* Menschen macht die Menschlichkeit (und die Eigentlichkeit im Sinne von Lévinas) des Menschen aus, die aus der Monotonie des „es gibt" bzw. der Uneigentlichkeit (wie sie Lévinas versteht) herausführt. In der „Eigentlichkeit" Heideggers ist der Bezug auf das Eigene sehr stark, der das Andere relativiert; es ist das Bemühen des Selbst, keinen fremden Einfluß zu erfahren, sich abzuschließen gegen das, was von Außen kommt, um das Eigene in der Eigentlichkeit zu behaupten. „Mit dem Tod steht sich das Dasein selbst in seinem *eigensten* Seinkönnen bevor. [...] Wenn das Dasein als diese Möglichkeit seiner selbst sich bevorsteht, ist es *völlig* auf sein eigenstes Seinkönnen verwiesen. So sich bevorstehend sind in ihm alle Bezüge zu anderem Dasein gelöst."(Heidegger 1993: §50: 250)

Eigentlichkeit des „eigensten Seinkönnens": Lösung der Bezüge zum anderen Menschen. Eigentlichkeit und der/ die Andere sind hierbei zwei unvereinbare Wege.

Lévinas versucht dagegen die Eigentlichkeit bei/ in der Sorge um den/ die AndereN zu verstehen: Verbundenheit, stärker als der Tod. Nicht das Sein, sondern die Beziehung zum Anderen, Für-Sein, ist für ihn grundlegend. Existential ist die Eigentlichkeit bei der Sorge um den anderen Menschen (nicht zu verwechseln mit der *Fürsorge* Heideggers; vgl. §26 aus *Sein und Zeit*). Der Verlust der Nähe des anderen Menschen wäre demnach ein Zurückfallen in die Uneigentlichkeit.

Lévinas betont den Unterschied zwischen Eigentlichkeit und Uneigentlichkeit geradezu konträr zu Heidegger: die eigentliche Seinsweise des menschlichen Daseins verdankt sich bei Lévinas vielmehr der authentischen Nähe des Antlitzes des/ der Anderen, dem „Sterben für". Damit ist die Möglichkeitsbedingung des eigentlichen Existierens nicht im jemeinigen Seinkönnen zu finden, sondern im Empfang der Anderen, in der Sorge und Trauer um den Tod des anderen Menschen.

Während *Mitsein* symmetrisch ist, ist *Für-Sein* nicht-symmetrisch: „der Modus des Seins, der nicht nur die Einsamkeit ausschließt (wie es schon Mitsein tat), sondern auch die Indifferenz."(Bauman 1995a: 81) Nicht Mit-Sein, sondern – nicht auf Reziprozität hoffendes – Für-Sein ist die Haltung eines moralischen Selbst, nicht Synthese, sondern das Angesicht-zu-Angesicht bildet die ethische Beziehung: „Die irreduzible und letztendliche Erfahrung der Beziehung scheint mir in der Tat woanders zu liegen: nicht in der Synthese, sondern im Von-Angesicht-zu-Angesicht der Menschen, in der Sozialität im moralischen Sinne. [...] [Es geht] bei der interpersonalen Beziehung nicht darum, mich und den anderen zusammenzudenken, sondern einander gegenüberzustehen. Die wirkliche Bindung oder das wirkliche Zusammensein ist nicht ein Zusammensein der Synthese, sondern ein Zusammensein Von-Angesicht-zu-Angesicht."(Lévinas 1986: 58f)

Die Beziehung, die das „für" beinhaltet, diese Asymmetrie des „Für-Seins" führt aber auch von einem Ich, das für den Anderen ist, zu einem Ich, das Verantwortung für den anderen trägt, hervorgebracht durch das Antlitz der/ des Anderen:

> „Intersubjektive Beziehung [ist] eine nicht-symmetrische Beziehung [...] In diesem Sinne bin ich verantwortlich für den Anderen, ohne Gegenseitigkeit zu erwarten, und wenn es mich das Leben kosten würde. Die Gegenseitigkeit ist *seine* Sache [...] [Ich bin verantwortlich] gemäß einer totalen Verantwortlichkeit, die den Erwartungen von allen anderen und von allem bei den anderen, selbst von ihrer Verantwortlichkeit, entspricht. Das Ich hat immer ein *Mehr* an Verantwortlichkeit als alle anderen."(Lévinas 1986: 75)

Dies kann die Grundlage einer moralischen Beziehung sein, im Unterschied z.B. zu vertragsmäßigen Partnerschaften. Die Bequemlichkeit, bestimmte Normen oder Regeln zu befolgen, die ein schlechtes Gewissen ersparen würden, ist dem moralischen Selbst zu wenig. Gerade die ambivalente Situation, die sich bei einer Nicht-Vorhandenheit von Regeln ergibt, die Ambivalenz und Unentscheidbarkeit, nicht zu wissen, ob man jetzt gut oder schlecht gehandelt hat, ob man andere zugunsten des Anderen vernachlässigt hat, läßt einen dauernd fragen: war man jetzt moralisch? Wenn man ein *Mehr an Verantwortung* überhaupt als Regel ausgedrückt werden könnte, dann nur als *einzige*, meine Regel. Man hat die Verantwortung allein zu tragen, vor jeder Reziprozität und jenseits einer Handlungsanleitung:

> „Ein Knoten, dessen Subjektivität darin besteht, auf den Anderen zuzugehen, ohne sich um dessen Bewegung zu mir hin Gedanken zu machen oder genauer: sich derart anzunähern, daß über die reziproken Beziehungen hinaus, die sich zwischen mir und dem Nächsten unweigerlich ergeben, ich immer einen Schritt auf ihn hin ausgeführt habe (was nur dann möglich ist, wenn dieser Schritt Verantwortung heißt): derart, daß in der Verantwortung, die wir füreinander haben, ich immer noch eine Antwort mehr zu geben habe, verantwortlich bin ich noch für die Verantwortung des Anderen."(Lévinas 1991: 189)

Der/ die Andere braucht nicht etwas zu beweisen, um Verantwortung zu bekommen, genausowenig wie man nicht nur deswegen verantwortlich ist, weil man sich etwas von ihm/ ihr erhofft. Vernünftige Begründungen, die sich auf die Ähnlichkeit von Interessen berufen oder die Anerkennung der Gemeinschaft, kommen erst später hinzu. Verantwortung, bevor Verantwortung gerechtfertigt oder bestätigt wird: „Der Nächste betrifft mich vor jeder Übernahme, vor jeder bejahten oder abgelehnten Verpflichtung. [...] Außerbiologisches Verwandtschaftsverhältnis, ‘gegen alle Logik’. Nicht deshalb betrifft mich der Nächste, weil er als einer erkannt wäre, der zur selben Gattung gehörte wie ich. Er ist gerade Anderer. Die Gemeinschaft mit ihm beginnt in meiner Verpflichtung ihm gegenüber."(Lévinas 1991: 194ff)

Diese Aussage ist um so interessanter, da dieser Satz Lévinas' deutlich macht, daß erst durch das moralische *Für-Sein* soziales Leben, Gesellschaft oder Gemeinschaft oder – einfach – *Mit-Sein* jenseits von Indifferenz gestalten werden kann. Jacques Derrida präzisiert diesen Gedanken in seinem „Essay über das Denken Emmanuel Lévinas"(1972) folgendermaßen: „Von Angesicht zu Angesicht mit dem Andern in einem Blick und einem Gespräch, die den Abstand aufrechterhalten und alle Totalitäten unterbrechen, geht dieses Zusammensein als Getrenntsein der Gesellschaft, der Kollektivität, der Gemeinschaft voraus und über sie hinaus."(Derrida 1972: 147)

In dieser Sichtweise würde Moral, ein Leben *für* den anderen Menschen soziales Leben bzw. Zusammenleben *mit* Anderen als ein *moralisches Mitsein* konstituieren;[20] und somit hätte man vielleicht schon eine Antwort auf die häufig gestellte Frage, ob Moral erst sozial erzeugt werden muß oder ob Moral bzw. Für-den-*unendlich*-Anderen-Sein erst jegliche Sozialität ermöglicht, die Lévinas so formuliert:

> „Es ist äußerst wichtig, ob die Gesellschaft im üblichen Sinn das Ergebnis einer Beschränkung des Prinzips, daß der Mensch dem Menschen Wolf ist, darstellt oder ob sie im Gegensatz dazu aus der Beschränkung des Prinzips, daß der Mensch für den Menschen da ist, hervorgeht. Stammt das Soziale mit seinen Institutionen, mit seinen universellen Formen, seinen Gesetzen daher, daß man die Folgen des Krieges zwischen den Menschen limitiert hat oder daß man die Unendlichkeit limitiert hat, die sich in der ethischen Beziehung zwischen Mensch und Mensch eröffnet?"(Lévinas 1986: 62)[21]

Ob man jedoch Lévinas in dieser Hinsicht kritiklos zustimmen kann und ob nicht vielleicht eher Mitsein *und* Fürsein, also eine Quasi-Gleichursprünglichkeit

[20]In seinem Essay zu Lévinas beschreibt Stephane Mosès sehr deutlich das Hinzukommen des Dritten in die face-à-face Begegnung, wobei das Verhältnis des Ich zum Dritten genauso persönlich ist wie zu dem/ der Anderen. Daraus folgert er: „Der Begriff der Gesellschaft konstituiert sich also bei Lévinas durch eine kontinuierliche Ausweitung der Sorge für den Anderen [...]."(Mosès 1993: 376) Anstatt jedoch von 'Sorge' zu schreiben, ist vielleicht der Begriff 'Für-Sein' passender, erinnert doch der Begriff der Sorge sehr an Heideggers 'Sorge' aus „Sein und Zeit"(1993): „Die 'Vorzeichnung des In-der-Welt-seins unter Anderen (Mitdasein) [...] versteht Heidegger im Sinne von 'Besorgen'"(Lash 1996b: 279) oder als 'Mitdasein für das In-der-Welt-sein'. Doch – wie schon angemerkt- ist Mitsein nicht Fürsein. Im Werk von Albert Camus findet sich bei allen Differenzen zu Lévinas eine ähnliche Richtung der Denkbewegung – eine individuelle Ethik, die zu einer gemeinschaftlichen Ethik angesichts des Absurden wird. In seinen späteren Werken kann jedoch nicht mehr von einer quasi kausalen Verbindung von individueller zu einer gesellschaftlichen Ebene gesprochen werden, sondern Camus weigert sich eine Trennung von intersubjektiver und geschichtlich-gesellschaftlicher Ethik vorzunehmen.Vgl. dazu: Stephan Moebius, 1996, Albert Camus und Anarchismus. Seminararbeit. Zu bestellen bei: Verlag Graswurzelrevolution, Schillerstr. 28, 69115 Heidelberg und Lou Marin, 1998, Ursprung der Revolte. Albert Camus und der Anarchismus. Heidelberg: Verlag Graswurzelrevolution

[21]Die Frage hierbei wäre: War zuerst der Krieg oder der Frieden da? Kant urteilt, daß alles in der Natur mit dem Krieg beginnt. Der ewige Frieden ist dann von institutioneller Natur und muß fortwährend instituiert werden. Lévinas meint, daß Krieg und Nicht- Gastlichkeit noch davon zeugen, daß alles mit ihrem Gegenteil, der Gastlichkeit beginnt. Ein Friede, der das rein Politische übersteigt, was nicht bedeutet, daß er unpolitisch ist, im Gegenteil! (vgl. dazu Derrida 1999: 105ff)

oder ein *doppelter Ursprung* beider (Da)Seinsweisen, die *existentiale und ethische* Grundverfassung von Seienden weitaus deutlicher erfassen bzw. beschreiben und insofern für eine Neuformulierung einer vielleicht „postmodern" zu nennenden Ethik hilfreich sein kann, soll im letzten Kapitel nachgespürt werden.

4 Die Kritik an kommunitaristischer Ethik aus postmoderner Perspektive

Ausgerüstet mit den skizzierten Umrissen von Lévinas' Ethik kann nun die Spur zu einer Kritik am Kommunitarismus aufgenommen werden, insbesondere in der Art, wie sie Zygmunt Bauman formuliert.

Bauman hat mit seinen beiden Büchern „Postmoderne Ethik“(1995a) und „Life in Fragments: Essays on Postmodern Moralities“ (1995b) einen entscheidenden Beitrag zur aktuellen Ethikdebatte geliefert. Scott Lash bemerkt: „Bauman has now established beyond any doubt that postmodern ethics has little to do with the 'pleasure of the text' or of 'anything goes', but instead entails the moral agent's unconditional responsibility in face of the demands of the other.“(Lash 1996a: 92)

Die gesamten, äußerst vielfältigen Aspekte und Gedanken dieser beiden Bücher hier wiederzugeben, würde gewiß den Rahmen dieses Essays sprengen. Darum soll sich nur denen zugewendet werden, die für eine Kritik am Kommunitarismus und einer kommunitaristischen Ethik im Sinne MacIntyres interessant erscheinen.

Bauman will in seiner Studie zu postmoderner Ethik nicht dem Fehler vieler anderer postmoderner TheoretikerInnen verfallen und z.B. die Schlechtigkeit der Welt beschreiben, denn er meint: „Weitverbreitetes Verhalten zu beschreiben, bedeutet nicht eine moralische Aussage zu treffen.“(Bauman 1995a: 11)

4.1 Der Ausgangspunkt der Kritik

Das Neue eines postmodernen Ansatzes zu Ethik sieht er vielmehr „in der Zurückweisung typisch moderner Umgangsweisen mit moralischen Problemen (nämlich auf moralische Herausforderungen in der politischen Praxis mit zwanghafter normativer Regulierung zu reagieren und philosophisch-theoretisch nach dem Absoluten, nach Universalien und theoretischen Letztbegründungen zu suchen).“(Bauman 1995a: 13)

Es ist nämlich ein „typisch modernes“ Kennzeichen *moderner* Gesellschaften und jedweder modernen homogenen und z.B. identitätspolitischen Gruppe, das nicht Faßbare zu umfassen, „Diversität durch Uniformität und Ambivalenz durch Kohärenz beziehungsweise transparente Ordnung zu ersetzen – und während sie dies versucht, produziert sie unaufhörlich mehr Spaltung, Diversität und Ambivalenz, als sie loszuwerden vermochte.“(Bauman 1995a: 15)

Man schaue sich einmal Gruppenbildungen – seien sie politisch motiviert oder als soziale Bewegungen zu bezeichnen – in einer mittleren deutschen Großstadt an, und es wird auffallen, wie viele verschieden kleine Grüppchen es gibt, die sich immer wieder spalten, diversifizieren und doch ähnliche Gedanken und Ideen hervorbringen. Dies ist bestimmt nicht so sehr als Nachteil zu betrachten, wie es auf den ersten Blick erscheint, aber es zeigt sich doch deutlich, daß gerade bei dem Versuch, kohärente und substantialistische Identitäten, Homogenität und einen Widerstand zu entwickeln, ebenso die Diversitäten, die Heterogenität und Differenzen in den Vordergrund kommen. Die hauptsächliche Auseinandersetzung einer Gruppe besteht dann nicht mehr aus einer Kritik z.B. an dem Patriarchat oder dem ökonomischen Neoliberalismus, sondern aus Aus- und Einschließungsprozessen von Personen oder aus dem Herstellen und der Konstruktion einer kohärenten Identität und wirkt somit kontraproduktiv, wie Judith Butler in Bezug auf homosexuelle Identitätspolitik feststellt: „Wenn die Artikulation kohärenter Identität zu ihrem eigenen Politikgehalt wird, dann nimmt die Überwachung von Identitäten die Stelle einer Politik ein, in der die Identität dynamisch im Dienst eines größeren kulturellen Kampfs für die Neuartikulation und Ermächtigung von Gruppen steht [...]“.(Butler 1994: 135)

Bauman stellt weiter fest, daß mit den Entwicklungen der Moderne die Individualisierung der Menschen vorangetrieben wurde, ihr Leben immer fragmentierter und die Kontexte, in denen sie eingebettet waren, immer unterschiedlicher wurden. Insofern

> „war es unwahrscheinlich, daß eine alles umfassende Idee im Rahmen einer einheitlichen Weltsicht ihren Aufgaben gerecht würde und insofern ihre Phantasie fesselte. Moderne Gesetzgeber und moderne Denker[1] spürten deshalb gleichermaßen, die Moral sei eher etwas, das entworfen und in das menschliche Verhalten eingeführt werden müsse, als

[1] vgl. auch „Gesetzgeber und Interpreten“ (Bauman 1995e)

> ein ‚natürlicher Zug' menschlichen Lebens. Sie versuchten nun, eine einheitliche Ethik zu formulieren und durchzusetzen – d.h. einen geschlossenen Code moralischer Regeln, den man den Leuten beibringen und dessen Einhaltung man erzwingen konnte. [...] Sie glaubten tatsächlich, daß die Lücke der nun ausbleibenden oder unwirksamen moralischen Überwachung der Kirche mit einem sorgfältig und kunstvoll harmonisierten Arrangement rationaler Regeln ausgefüllt werden sollte und könnte; daß *Vernunft* vermöge, was *Glaube* nicht mehr leisten konnte [...]. Man kann sagen, obwohl sich die existentielle Situation der Männer und Frauen unter den Bedingungen des modernen Lebens deutlich verändert hatte, beherrschten weiterhin die alten Annahmen – wonach freier Wille sich nur in falschen Entscheidungen ausdrücke, Freiheit ohne Überwachung immer an Zügellosigkeit grenze und daher ein Feind des Guten sei oder werde – die Köpfe der Philosophen und die Praktiken der Gesetzgeber.[2]"(Bauman 1995a: 16f)

Dabei ging modernes ethisches Denken und moderne legislative Praxis zusammen den Weg der *Universalität* und den der *Begründung*.

Zum einem bedeutete Universalität für die legislative Praxis die ausnahmslose Herrschaft eines Gesetzeswerkes über das Gebiet der Souveränität der Gesetzgeber. Zum anderen war Universalität für die PhilosophInnen derjenige Grundzug ethischer Vorschriften, der alle dazu zwang, diese Vorschriften für richtig zu erachten und deswegen als verpflichtend hinzunehmen:

> „Die Zwangsmaßnahmen (oder Intentionen) der Gesetzgeber zur Vereinheitlichung ergänzten den ‚epistemologischen Grund', auf dem die Philosophen ihre Modelle von universeller menschlicher Natur bilden konnten; während der Erfolg der Philosophen bei der ‚Naturalisierung' der kulturellen (oder besser administrativen) Geschicke der Gesetzgeber half, das rechtmäßig konstruierte Modell des Staatswesens als Verkörperung und Inbegriff menschlicher Bestimmung zu repräsentieren.
>
> Und *Begründung* bedeutete in der Praxis der Gesetzgeber Zwingkräfte des Staates, die den Gehorsam gegenüber den Regeln zur vernünftigen Erwartung werden ließen; eine Regel war ‚gut begründet', insofern sie die Unterstützung dieser Mächte genoß, und die wirkungsvolle Unterstützung erhärtete die Begründung."(Bauman 1995a: 20)

[2] An dieser Stelle sei Michel Foucault erwähnt, dessen Bücher „Der Wille zum Wissen. Sexualität und Wahrheit"(1977) oder auch „Überwachen und Strafen"(1976) die oben beschriebenen Tendenzen der modernen Gesetzgeber und Denker sehr verdeutlichen.

Bei den PhilosophInnen, zumindest wie sich häufig rezipiert werden, lag eine gute Begründung der Regeln dann vor, wenn es gelang, diejenigen, die den Regeln folgen sollten, zu überzeugen, daß die Befolgung dieser Regeln richtig sei. Regeln waren dann gut begründet, wenn auf die Frage: Warum soll man diesen Regeln folgen? eine vernünftige und stichhaltige Antwort geliefert werden konnte:

> „Und eine solche Fundierung wurde als zwingend angesehen, weil autonome Individuen, die mit heteronom gesetzlichen und ethischen Anforderungen konfrontiert waren, voraussichtlich solche Fragen stellen würden – und mehr als alle anderen auch die Frage: ‚Warum soll ich moralisch sein? ‘ Zumindest erwarteten Philosophen und Gesetzgeber gleichermaßen diese Frage – da beide in ihrem Denken und Handeln von derselben Annahme ausgingen, wonach gute Regeln künstlich gestaltete Regeln sein mußten; von derselben Prämisse, wonach freie Individuen nicht notwendigerweise auch freiwillig und ohne Nachhilfe gute Regeln annehmen würden; und von der demselben Prinzip, wonach Individuen, um moralisch zu handeln, zunächst die Regeln moralischen Handelns akzeptieren müßten, was widerum nicht geschähe, wären sie nicht vordem davon überzeugt, daß moralisches Handeln angenehmer sei als Handeln ohne Moral, und daß die jeweiligen Regeln auch genau das ausdrückten, was moralisches Handeln sei.
>
> [. . .] Alles in allem: die beharrliche und unbeugsame Suche nach den ‚Regeln, die sitzen‘ und den ‚Begründungen, die nicht wackeln‘ fand ihren Animus in dem Glauben an die Machbarkeit und den endgültigen Triumph des humanistischen Projektes: Eine Gesellschaft frei von unverrückbaren Widersprüchen, eine Gesellschaft, die genau wie die Logik den Weg ausschließlich zu richtigen Lösungen weist, kann – bei genügend Zeit und gutem Willen – eines Tages errichtet werden."(Bauman 1995a: 20f)

Als eine Praxis der Universalierung kann die Bildung eines einheitlichen und souveränen Staates angesehen werden – ähnlich dem verwandten Konzept von der „einen menschlichen Natur"- , durch die aus der vielfältigen Ansammlung von Gemeindemitgliedern und Grüppchen BürgerInnen eines Nationalstaats wurden.

> „Der ‚universale Mensch‘ , ausgezogen bis auf die nackten Knochen ‚menschlicher Natur‘ , sollte – in Alasdair MacIntyres Formulierung

> – ein ‚abgelöstes Selbst' werden [s. MacIntyre 1987: 294f]; nicht notwendigerweise unberührt von den gemeinschaftlich inspirierten Partikularismen, jedoch in der Lage, sich von den kommunalen Wurzeln und Verpflichtungen abzukoppeln, sich sozusagen auf eine höhere Ebene zu begeben und von dort aus einen langen, distanzierten und kritischen Blick auf die kommunalen Anforderungen und Zwänge zu werfen."(Bauman 1995a: 65)

Es sollten also nur *die* moralischen Regeln gelten, die universalen, exterritorialen und nicht- kommunalen Prinzipien folgten. Aber – früher wie heute – endeten die universalen Ambitionen an der Staatsgrenze. Somit sieht sich das Postulat der Universalität mit zwei Widersprüchen konfrontiert:

Erstens steht es in Opposition zu anderen Nationalstaaten, die angeklagt werden, die Bewegung in Richtung Universalität zu behindern. Dem kann natürlich entweder mit Hilfe von „gerechten Kriegen", „Befreiungskriegen" oder Imperialismus überhaupt Abhilfe geschaffen werden. Oder der Nationalstaat begibt sich in Solidarität mit anderen Souveränen. So wie die universalen moralischen Regeln innerhalb des Staates zu einem Universalgesetz geformt wurden, so bildet man die suprastaatliche moralische Universalität nach dem Muster von 'internationalen Beziehungen' : „als Niederschlag der Diplomatie, von Handel und Geschäft und der Suche nach genuinen oder vermeintlichen ‚Punkten der Übereinstimmung'. Was immer am Ende als ‚wahrhaft universell' akzeptiert wird, hat eher mit einem gemeinsamen Nenner als mit gemeinsamen Wurzeln zu tun."(Bauman 1995a: 69)

Zweitens steht das Postulat der Universalität in Opposition zu dem aristotelischen Prinzip der Polis:

> „Jede Polis separiert, trennt, ‚partikularisiert' ihre Mitglieder von denen anderer Gemeinschaften in demselben Maße, wie sie sie innerhalb ihrer eigenen Grenzen eint und gleich macht. Das ‚situierte' Selbst (in MacIntyres Begriffen das Gegenteil zum ‚abgelösten Selbst') steht immer einem Selbst gegenüber, das *anders* situiert ist – in einer anderen Polis verwurzelt. Daher wendet sich der universalistische Anspruch tendenziell gegen die Polis, die ihn gern domestizieren und im Krieg gegen die eigenen Rebellen verwenden würde [. . .]. Den Verteidigern des situierten Selbst (die als Kommunitaristen bekannt wurden) sind universalistische Ambitionen und Praktiken natürlich ein Greuel – ein Vehikel der Unterdrückung, eine Verletzung der menschlichen Freiheit."(Bauman 1995a: 67)

Heutzutage besteht eine weitgehende Akzeptanz darin, daß eine Vielzahl kultureller und moralischer Souveräne fortbestehen wird, ganz im Unterschied zu politischen oder ökonomischen[3], und es ist demnach kein Wunder, daß viele „den Rückzug vom kalten und abstrakten Territorium der universellen moralischen Werte in die gemütliche und heimelige Obhut einer ‚nativen Gemeinschaft' außerordentlich verlockend"(ebd: 71)[4] finden. Vielleicht möchte an dieser Stelle auch manch einer oder eine sagen: Wenn die universale Sonne sinkt, sammeln sich die Motten um das Licht der häuslichen Lampe.

> „Da der Gedanke, die im Staat institutionalisierte ‚Gesellschaft' werde eine hilfreiche Hand bieten, nicht mehr überzeugt, kann es kaum verwundern, daß der suchende Blick in eine andere Richtung schweift. Durch eine Ironie der Geschichte wandert der Blick jedoch zu Formen, deren radikale Zerstörung seit Beginn der Moderne als die *conditio sine qua non* einer ‚sinnvollen Wahl' angesehen wurde. Heute sind es die vielgeschmähten ‚natürlichen Herkunftsgemeinschaften', die zwangsläufig etwas Geringeres als der Nationalstaat darstellen und einst von der Modernisierungspropaganda (nicht ohne Grund) als kleingeistig, zurückgeblieben, tyrannisch und verdummend verschrien wurden, auf die man hoffnungsvoll blickt: Sie sollen nun zuverlässig die Rolle übernehmen, in der der Nationalstaat so schmählich versagte, und die menschlichen Entscheidungen gleichschalten, von allen Zufällen befreien und mit tieferem Sinn erfüllen."(Bauman 1999: 341f)

Bauman beschreibt den Kommunitarismus als einen „Nationalismus Typ 2". Auch wenn der alte Typ des Nationalismus noch lange nicht ausgespielt hat, so steht nun vor allem in Europa und Nordamerika die „natürliche Gemeinschaft" für den Traum vom sicheren Hafen (vgl. Bauman 1999: 344f).

[3] Slavoj Zizek hat dies außerordentlich eloquent in seinem Essay „Das Unbehagen im Multikulturalismus" (1998) verdeutlicht.

[4] Ulrich Beck umschrieb das in einer seiner flott formulierten Bemerkungen einmal so: „Individualisierung bedeutet Enttraditionalisierung, aber auch das Gegenteil: die Erfindung von Traditionen. Die Idylle – Omas Apfelkuchen, Vergißmeinnicht und Kommunitarismus – hat Hochkonjunktur:"(Beck 1994 Süddeutsche Zeitung vom 7./8. Mai)

4.2 Die Kritik

4.2.1 Autonome Verantwortung vs. heteronome Verpflichtung

Die Kernaussage oder- kritik Baumans am Kommunitarismus sowie am Liberalismus ist, daß

> „die Moralität staatlicher Gesetzgebung und die diffusen moralischen Zwänge der selbsternannten Sprecher postulierter Gemeinschaften [...] in einem Punkt überein [-stimmen]: beide leugnen oder zumindest verkürzen das individuelle moralische Ermessen.
>
> *Beide sind bestrebt, autonome moralische Verantwortung durch heteronome ethische Verpflichtung zu ersetzen.* Beide beabsichtigen, das Individuum seiner moralischen Wahl zu enteignen, zumindest in solchen Lebensbereichen, die als relevant für das ‚Gemeinwohl' angesehen werden: im Konfliktfall erwarten sie von den Individuen, sich für diejenige Handlung zu entscheiden, die der gemeinsamen Sache dient – vor und über allen Erwägungen (‚Das Interesse der Allgemeinheit sollte über das Interesse des Einzelnen gehen').“(Bauman 1995a: 75)

Anders ausgedrückt übt der Vorrang des übersubjektiven, gemeinschaftlichen Werte- und Normengeflechts einen Zwang zum sozialen Konformismus aus, der die Individuen zu Subjekten disziplinierender Prozeduren wertekonformer Normalisierung macht, sie dadurch produziert und dabei unterwirft (vgl. Foucault 1976 und 1977). Wer oder welche Personenkreise definieren die Normen, denen sich die Gemeinschaft bzw. die Individuen zu unterwerfen haben? Hier könnte beispielsweise eingewandt werden, daß eine Konsensbildung im Sinne eines kommunikativen Handelns eventuell zu herrschaftsfreien Übereinstimmungen beitragen könnte. Wie sehr jedoch dabei ebenfalls eine Selektion getroffen wird, wer bei der Konsensbildung dabei sein darf und wer nicht, zeigt der alltägliche Ausschluß derjeniger, die entweder für un-vernünftig oder wahnsinnig erklärt werden oder zunehmender Kriminalisierung oder patriarchalen Strukturen unterworfen sind.

> „Die Theorie des kommunikativen Handelns von Jürgen Habermas zum Beispiel leidet unter der Illusion, daß sich alle sozialen Konflikte und Handlungen potentiell zu vernunftgeleiteten Diskursen rationalisieren lassen. Was aber sagt seine Theorie zu den – empirisch ja immer mehr an Bedrohlichkeit zunehmenden – Problemen, bei deren Auftreten kommunikative Vernunft schon im Ansatz gewaltsam unterbunden

> wird? Und wie verhält sich die Universalpragmatik von Habermas angesichts des schier uferlos erscheinenden Meeres von Interaktionskrisen, die einer Bearbeitung durch Kategorien rationalen Handelns entweder nur sehr bedingt oder überhaupt nicht zugänglich sind?"(Peter 1995: 200)

Wichtige Bedingungen, um Macht auszuüben und zu erlangen, sind physischer Zwang, eine normativ-konsensuelle Ordnung, welche die ungleiche Machtverteilung legitimiert und die gegebenenfalls internalisiert wird und eine anonym-sozialtechnische Ordnung, die Machtausübung in der Weise erscheinen läßt, daß sie funktional unersetzbar für die Ordnung ist. Die Prämisse von Macht und deren Ausübung ist irgendeine, wie auch immer geartete Ordnung (vgl. Bauman 1995) Der (physische) Zwang ist nur eine Komponente der Macht und wahrscheinlich nicht einmal die effektivste. Eine „geeignetere" Machtausübung ist diejenige, die das normative Einverständnis im Rahmen von Gemeinschaften „im starken Sinne" bieten können. Denn hierbei kommt es zu (habituellen) Internalisierungen sozialintegrativer Werte und Normen, welche die Identität der Individuen bestimmen, ja sie sogar subjektivieren. Um zu klären, wie Normen und soziale Macht selbst noch eine psychische Subjektivierung bedeuten, benötigen wir

> „a redescription of the domain of psychic subjection [. . .] to make clear how social power produces modes of reflexivity at the same time as it limits forms of sociality. In other words, to the extent that norms operate as psychic phenomena, restricting and producing desire, they also govern the formation of the subject and circumscribe the domain of a livable sociality. The psychic operation of the norms offers a more insidious route for regulatiory power than explicit coercion, one whose success allows ist tacit operation within the social. And yet, being psychic, the norm does not merely reinstate social power, it becomes formative and vulnerable in highly specific ways. The social categorizations that establish the vulnerability of the subject to language are themselves vulnerable to both psychic and historic change. This view counters an understanding of a psychic or linguistic normativity [. . .] that is prior to the social or sets constraints on the social. Just as the subject is derived from conditions of power that precede it, so the psychic operation of the norm is derived, though not mechanically or predictably, from prior social operations. Psychic subjection marks a specific modality of subjection."(Butler 1997b: 21)

Eine kommunikative Weitergabe und Befolgung machtkonformer Handlungsregeln ist dann um so fließender, je tiefer die integrativen Normen verinnerlicht werden und je vollkommener sie institutionalisiert werden (vgl. Fink-Eitel 1993: 306ff). Den „Höhepunkt“ bilden dann oft Naturalisierungen oder der Rückgriff auf angebliche Natürlichkeiten, wie z.B. Judith Butler hinsichtlich der Geschlechterbinarität eindrücklich gezeigt hat (vgl. Butler 1991 und 1997); ‚Natürlichkeiten‘, die im Laufe der Zeit und durch den Prozeß zitathafter Wiederholungen immer mehr den diskursiven, institutionalisierten und produzierten Charakter dieser Natürlichkeiten verschwinden lassen.

Wie man zuvor bei MacIntyre lesen konnte, ist Loyalität zur Gemeinschaft und das Handeln zum Wohle der Gemeinschaft eine Bedingung für Moralität im Sinne der Kommunitarier.

Wird hier aber nicht – und das muß bei allem Respekt für Alasdair MacIntyre gesagt werden – etwas als moralisch beschrieben, was doch wohl eher dem Gruppenerhalt, der Idee einer Gemeinschaft oder dem „kollektiven Bewußtsein“ (Durkheim) dient, einem Abstraktum im Vergleich zum Leben, Wohlergehen oder der Würde eines einzelnen Menschen? Um diese Frage zu beantworten, erscheint deshalb in diesem Zusammenhang ein Vergleich sinnvoll, der dies verdeutlicht:

Verantwortung für den/ die AndereN kann einschließen, für den anderen Menschen zu sterben, wie z.B. in Zeiten des Holocausts oder des Gulag einige Menschen ihr Leben aufs Spiel setzten, um andere zu retten. Eine Welt aber, in der diese Bereitschaft eingeklagt wird, ist eine unmoralische und unmenschliche Welt, es ist die Welt des Krieges und der sogenannten Helden: „Helden und moralische Menschen sind gleichermaßen aufgefordert, ihr Leben zu opfern [...]. Für einen moralischen Menschen kann diese Sache keine andere als das Leben, das Wohlergehen oder die Würde eines anderen Menschen sein. Doch anders beim Helden, seine Sache ist die Fortdauer, die Verbreitung oder der Sieg einer Idee: sei es die Idee der Nation, der Rasse, der Klasse, des Fortschritts, einer bestimmten ‘Lebensform‘ oder die Idee Gottes und manchmal auch die Idee des ‚Menschen an sich‘.“(Bauman 1994: 317)

Bei dem moralischen Menschen geht es um die Rettung von konkreten Menschen, beim sogenannten Helden um die Rettung von abstrakten Werten. So macht z.B. auch eine „Verantwortungsethik“ im Sinne von Max Weber die Erhaltung des Lebens zu einer Entschuldigung für den Tod anderer.

Aber: „Kein Grundsatz, keine Norm kann als moralisch gelten, solange sie den Tod eines Anderen rechtfertigt.“(Bauman 1994: 318)

Nun sollte man nicht allzu schnell urteilen, daß KommunitaristInnen soweit gehen würden, zum Wohle der Gemeinschaft bzw. ihrer Bedingung der Moral, den Tod zu billigen. Aber es besteht dennoch eine gewisse Gefahr, Gemeinschaft und deren Werte oder Tradition über den einzelnen Menschen zu stellen, besonders wenn man der Meinung ist, die Loyalität zur Gemeinschaft sei die Bedingung der Moral: „In den meisten Fällen verwandelt sich das ‚Überlebens‘-Postulat in eine furchteinflößende Waffe der Unterjochung und der Tyrannei, die von den zuweilen akklamierten, öfter jedoch selbsternannten Wächtern der traditionellen (ethnischen, rassischen, religiösen) Werte der ‚Gemeinschaft‘ geschwungen wird, um die Unterwürfigkeit ihrer unseligen Schützlinge zu erzwingen und ihnen auch die leiseste Ahnung von einer autonomen Wahl auszutreiben.“(Bauman 1999: 351)

Moralische Verantwortung, in dem Sinne wie man sie etwa bei Lévinas kennengelernt hat, wird durch gemeinschaftliche Verpflichtungen (z.B. Regeln) ersetzt. Wenn dies geschieht, so darf aber nicht übersehen werden, daß

> „so wie der Fanfarenruf des ‚abgelösten‘ Selbst allzuoft dazu diente, den Protest gegen die Unterdrückung moralischer Autonomie durch den zentralistischen Nationalstaat zum Schweigen zu bringen, tendiert das Bild des ‚situierten‘ Selbst dazu, die vergleichbaren kommunitaristischen Unterdrückungspraktiken zu vertuschen. Beide sind gegen Mißbrauch nicht gefeit: beide sind nicht ausreichend dagegen geschützt, vor den Karren zur Beförderung moralischer Heteronomie und zur Enteignung des individuellen Rechts auf eigene moralische Urteile gespannt zu werden.“(Bauman 1995a: 76)

Beide Konzepte gehen davon aus, daß moralisches Verhalten in Regeln von universeller Form gefaßt werden können; daß das einzelne moralische Selbst in einem umfassenden WIR aufgehen kann, das moralische Ich nur eine Einzelform des ethischen Wir ist.

Aber einen Übergang von mehreren „Ich“ zum kollektiven Wir kann es nur geben, wenn alle „Ich“ identisch wären, „zumindest im Hinblick auf ein Attribut, das die einzelnen Mitglieder einer Gruppe, Teile eines Ganzen, ausweist (etwa, wir, die Blonden, oder wir, die Akademiker der Universität X, oder wir, die Anhänger von Leeds United) – und deshalb – nämlich in dieser Hinsicht – alle Ichs austauschbar wären; ‚Wir‘ wird nur zum

Preis einer Vertuschung der Multidimensionalität des Ich zu dessen pluraler Form."(Bauman 1995a: 78)

Verhält es sich jedoch nicht so, daß man als moralisches Subjekt unersetzlich ist und die sozialen Beziehungen, sollen sie denn moralisch sein, nicht symmetrisch sind, Moral im – erst einmal nicht- reziproken – *Für-Sein* wohnt und nicht in einem Austausch?[5] In der moralischen Beziehung sind Ich und der/ die Andere nicht austauschbar und können somit nicht zu einem pluralen Wir aufaddiert werden. Im Sinne Lévinas ist Verantwortung in erster Linie an „mich" adressiert und

> „der moralische Gehalt kann in dem Moment vollständig verloren gehen, wo ich versuche, es umzukehren und den anderen zu binden. [. . .] Müßte ich nach Maßstäben suchen, nach denen meine moralische Verantwortung zur Übereinstimmung mit meinen moralischen Impulsen bemessen werden sollte, könnte ich sie nicht in den Regeln finden, die ich anderen vielleicht vernünftigerweise auferlegen würde: ‚Das Ich hat immer ein Mehr an Verantwortung'.(Lévinas 1986: 76) [. . .] Moralische Kollektivität ist das ‚Von-Angesicht-zu-Angesicht ohne Vermittelndes' und nicht dasjenige, was postplatonische Moralphilosophen sich vorstellten: eine Gemeinschaft, in welcher die moralischen Subjekte in der kollektiven Repräsentation eines geteilten Ideals versinken und verschüttet werden, in einem 'Wir', das ‚der Sonne des Erkennbaren, der Wahrheit, zugewandt, den anderen nur neben sich und nicht von Angesicht zu Angesicht gegenüber wahrnimmt.' (Lévinas 1989: 64)"(Bauman 1995a: 83ff)

Der/ die Andere muß nicht erst beweisen, daß man verantwortlich für ihn/ sie ist, sondern man ist es in der Weise schon, wie man auf den Anspruch des Anderen antworten muß, d.h., auch eine Nicht-Antwort wäre noch ein Antworten. „Nur in dieser kräftigen Zurückweisung des *Grund- und Begründunghabens* macht mich Verantwortung frei."(Bauman 1995a: 121) Anders ausgedrückt: Man ordnet sich nicht unter, obwohl man sich als eine Geisel für das Wohl des /der Anderen ergibt. Man ist frei, insoweit man eine Geisel ist.

Es wird deutlich, daß dies eine sehr ambivalente Position ist. Aber „erst wenn diese Ambivalenz überstrapaziert oder aus der Sicht verbannt wird,

[5] Lévinas identifiziert diesen Austausch in einem Interview als Addition: „Diese Addition des Totalen ist sicher das ökonomische Leben. Also gerade da, wo das Antlitz keine Rolle spielt, wo Menschen Termini sind, wo sie in ein Ensemble kommen, wo sie sich addieren."(Lévinas 1989: 133)

kann Egoismus gegen Altruismus, Eigeninteresse gegen Gemeinwohl, moralisches Selbst gegen gesellschaftlich gebilligte ethische Normen gesetzt werden.[...] Begründungen können nur im Rückzug von diesem ordentlichen, gutbegründeten und logischen Sein gefunden werden. Und schließlich in der Ernüchterung auf die Tatsache, daß die Moral weder ordentlich noch logisch ist, die Ambivalenz als ihre einzige Begründung hat."(ebd.: 121)

Ambivalenz bedeutet Unsicherheit: „Handelt man richtig?" oder: „Aber die soziale Norm schreiben doch etwas anderes vor, was soll man jetzt tun?" oder: „Muß man darauf Rücksicht nehmen?" sind häufig gestellte Fragen, Fragen, die einen der Möglichkeit des Für-Seins näherrücken. Für gewöhnlich rettet man sich aus dieser Unsicherheit der Verantwortung mit einer Flucht in die Konventionalität bzw. in soziale Normen, was dann die Chance bietet, Regeln zu befolgen, ohne die ausdrückliche Absicht zu haben, auf den/ die AndereN Rücksicht zu nehmen: „Soziale Normen, Regeln, Konventionen geht es um Sicherheit und ein ruhiges Gewissen. ‚Jeder tut es', ‚so wird es gemacht' lautet die präventive und effektive Medizin gegen ein schlechtes Gewissen."(Bauman 1995a: 123)

Aber anders, wenn die Regeln fehlen oder wenn sie vielleicht falsch sind, weiß man das? Vielleicht ist es gerade dieses permanente (Hinter-) Fragen, was Moralität ausmacht; diese auswegslose Unsicherheit, die Aporie ist vielleicht gerade die Quasi-Grundlage der Moral. Erst die ambivalente Unsicherheit bewahrt moralisches Handeln vor einem programmatischen Abspulen von Regeln. Moral erkennt man vielleicht gerade „an ihrem nagenden Sinn für Nichterfülltheit, an ihrer endemischen Unzufriedenheit mit sich selbst. *Das moralische Selbst ist ein Selbst, das immer von dem Verdacht gequält wird, es sei nicht moralisch genug.*"(Bauman 1995a: 125)

„Unser aller Pflicht", um die man weiß (zum Wohle der Gemeinschaft beispielsweise), ist gerade nicht das Gleiche, wie *meine* Verantwortung, die *ich fühle.*[6] Es besteht ein entscheidender Unterschied darin, ob die Verant-

[6]Viele ethische Konzeptionen folgten der Kantschen Entkräftigung der Gefühle. Es wurde vorausgesetzt, daß den Gefühlen keine moralische Bedeutung zukomme, sondern nur die Vernunft, genauer vernunftdiktierte Regeln oder regelgeleitete Vernunft; das rationale Vermögen und die von ihm diktierten Entscheidungen können den/ die HandelndeN zu einem moralischen Menschen machen. Tugend war für Kant die Fähigkeit, den eigenen gefühlsbedingten Neigungen zu widerstehen und sie im Namen der Vernunft zu neutralisieren. Vernunft hatte unemotional zu sein, Gefühle waren unvernünftig. „Kants Unbehagen gegenüber Emotionen begleitete auch seine Suche nach einer Begründung moralischer Autonomie; Vernunft war schließlich die Öffnung, durch die heteronome Zwänge das ‚mo-

wortung, als Antwort auf die Bitte oder den Anspruch des Antlitzes, in erster Linie und zu allererst die „meinige“ ist, also aus dieser intersubjektiven Begegnung herrührt, oder, ob Verantwortung an eine übersubjektive Ebene gebunden ist. In seiner Kritik am Kommunitarismus schreibt Hinrich Fink-Eitel diesbezüglich:

> „Der Kommunitarismus verfehlt sein Thema: Gemeinschaft, weil er Gemeinschaft nicht als *Inter-* Subjektivität zu denken vermag. Dies kann er nicht, weil er zugleich zu abstrakt und zu konkret, zu subjektfern und zu subjektnah ist. Er ist zu subjektnah, weil er den Anderen instrumentell nur aus der Perspektive der *Selbst*-Verständigung des Einen und nicht auch *als* Anderen im Blick hat. Und er hat den Anderen zweitens nicht *als* Anderen im Blick, weil der zu subjektferne, transzendentale Vorrang des übersubjektiven, kulturellen Ganzen die fundamentale Differenz verschleift, die das Individuum – bei aller Gemeinsamkeit – auch von seiner Gemeinschaft und ihrer Sprache, Geschichte und Kultur trennt. Die öffentliche Sprache ist in ihrer notwendigen Allgemeinheit immer auch *zu* allgemein für das individuelle Ausdrucksbedürfnis einzigartiger Subjekte. Anerkennung dieses Sachverhalts heißt: inter-subjektive Anerkennung des Anderen *als* Anderen, dessen Einzigartigkeit immer auch ein Moment unauflöslicher Fremdheit enthält. Diese *Inter*-Subjektivität kann nicht auf die *Über-* Subjektivität vertrauter, kultureller Wertzusammenhänge reduziert werden, deren transzendentale Bedeutung darin besteht, individuelle *Selbst*verständigung zu ermöglichen.“(Fink-Eitel 1993: 311f)

Moralische Verantwortung existiert einzig als Interpellation an den/ die EinzelneN. Pflichten machen Menschen tendenziell gleich, Verantwortung sie zu Individuen. „Humanität ist nicht in einem gemeinsamen Nenner zu fassen – dort geht sie unter und verschwindet. Die Moralität des moralischen Subjekts hat deshalb nicht den Charakter einer Regel; man kann sagen, die Moralität ist das, was sich einer Codifikation, Formalisierung, Sozialisierung und Universalisierung *widersetzt*; Moral ist, was übrigbleibt, wenn die Arbeit der Ethik, die Arbeit der *Gleichschaltung* getan ist.“(Bauman 199a: 87)

tivationale‘ Innere eines Handelnden zur Entscheidung pressen konnte. Die Vernunft zum einzigen Vermögen zu ernennen, das für die moralische Bewertung von Handlung relevant sei, stempelte die Fragen der Moral von vornherein als *regelgeleitet* und Regeln als *heteronom*.“(Bauman 1995a: 106)

Dies führt zur Behauptung, daß Moral keinen Zweckerwägungen oder Kosten-Nutzen-Abwägungen folgt. Mit einem Zweck lassen sich Handlungen in nützliche und nutzlose einteilen, Handlungen werden zu Alternativen, werden verglichen, es werden Präferenzen gesetzt und diesen gefolgt. Die Zweckmäßigkeit von Handlungen werden dann verbessert, das Nützlichere gewählt. Das Denken vom Zweck einer moralischen Handlung geht davon aus, daß es sich *auszahlt*, moralisch zu sein, man vielleicht einen Vertrauensvorschuß bei den Anderen hat oder moralisches Handeln in gleicher Münze, gar mit Zinseszins, zurückgezahlt wird:

> „Wenn ich heute dem Wohnungslosen ein paar Groschen gebe, vielleicht kommt es mir ja irgendwie zugute oder wird gar bei Gott gutgeschrieben.", hört man oft. In diesem Sinne bedeutet moralisch sein, „in die Zukunft zu investieren und besonders, sich vor schlechten Zeiten zu schützen; es bedeutet, die Ungebundenen zu binden, die Unkontrollierbaren zu kontrollieren [...]. oder es bedeutet das Überleben von ‚irgend etwas Größerem' , Ehrfurchtgebietendem, Wertvollerem, als ich selbst es bin – meiner Sippe, meiner Nation, meiner Kirche, meiner Partei und der Ideen, für die sie stehen, die sie schützen und unsterblich machen [...] Vereint stehen wir, ‚wir' müssen zusammenhalten, uns beistehen,[...] sodaß wir eine größere Überlebenschance haben als ‚sie' , unsere Feinde oder Konkurrenten." (Bauman 1995a: 89)

Und weiter heißt es dann so oft, sich opfern für das „Größere" ist doch Moral, Moral geht es doch darum, Opfer zu tun. Was wie eine billige Reklame für Misereor klingt, spukt nach Bauman in vielen Köpfen, wobei es oft überhaupt keine Rolle spielt, ob der Vorteil, die Belohnung eines Opfers jetzt oder in Zukunft, in diesem oder jenem Leben einsetzt: „Von Bedeutung ist allerdings, daß ich meinen Anteil am Fortbestehen der Gruppe, an deren Erfolg das Gute und Richtige gemessen wird, geleistet habe; die Zweckkalkulation wurde in diesem Fall von einem Verantwortlichen *für mich* unternommen.[...] Mir wurde versichert, meine Pflicht getan und daran recht getan zu haben. Diese Versicherung ist der Köder, den die Vertreter des ‚Größeren' häufig und mit großem Erfolg auswerfen. Bei der Qual der moralischen Unsicherheit sind Rechtschaffenheitsgarantien Versuchungen, denen man kaum widerstehen kann."(Bauman 1995a: 89)

In dieser Version des Aufopferns für die Gruppe z.B. wird impliziert, daß Moral eine rationale Haltung sei, da sie einen Zweck habe, nämlich den

Selbstschutz: das Überleben auf individueller und kollektiver Ebene.

Aber: Sind moralische Handlungen nur Mittel für einen erwünschten Ausgang, der *zählt*? „Muß Moral sich in anderen als den eigenen Begriffen rechtfertigen? Hört Moral nicht auf, Moral zu sein, sowie sie die Not verspürt oder gezwungen wird zu entschuldigen, wozu sie veranlaßte? Werden, auf der anderen Seite, die durch Überlebenskalkulation nahegelegten Taten notwendig moralisch? Und ist umgekehrt eine Tat nicht moralisch, einfach weil sie keinen Überlebenswert hat?"(Bauman 1995a: 90)

Eher im Gegenteil: Daher, daß Moral nicht eine Reziprozität erwartet, ist es der Gleichmut, mit der die/ der Einzelne die Belohnung oder das Sich-Auszahlen der moralischen Handlung betrachtet, was ihn/ sie zu einem moralischen Subjekt macht. Der moralische Aufruf wendet sich an *meine* eigene Verantwortung und richtet sich nicht nach den unpersönlichen Regeln, was zu tun sei.

Während *Mit-Sein* durch codifizierte Regeln und Normen festgelegt werden kann, kann dies das *Für-Sein* nicht, und somit meint moralisch zu sein auch immer, meiner eigenen Freiheit (wie ich auf die Bitte des Antlitzes ‚antworte'), eingesetzt vom Anderen, überlassen zu sein.[7]

Dies bedeutet aber auch nach Bauman, daß die eigene Verantwortung bzw. die Art und Weise, wie man antwortet (in seinem Sinne eine einsame Situation), den Beginn der moralischen Handlung kennzeichnen:

> „Es gibt kein Denken ohne Konzepte (immer allgemeinen), ohne Maßstäbe (wieder allgemeinen), ohne Regeln (immer potentiell verallgemeinerbaren). Doch wenn Konzepte, Maßstäbe und Regeln die Bühne betreten, macht der moralische Impuls seinen Abgang.[...] Wir

[7]Für-Sein folgt so eher einem unausgesprochenem Befehl ('unspoken command'). „The 'unspokenness' is a pure negativity, pure absence of guidance. (And since one can speak of nothingness only obliquely, speaking of a being 'which is not', we speak of an 'unspoken command' – but we will be well advised to remember that we use the word 'command' , as Derrida would say, *sous rature*, an empty shell made out of linguistic necessity, so to speak.[...] The 'unspokenness means simply that the actor is now on his/ her own [...]., that the authority of command *has not been sought* [...].When acting without command and without asking for one, the self accomplishes what Levinas characterized as the 'breaking through ist forms' – breaking through *any socially drawn* form, shedding *any* socially-sewn dress, facing the other as a face, not mask, and facing one' s own bare face in the process.[...]". „In other words, the encounter follows ist own rules, constructed 'on the way' , as it goes. [...] – a standing invitation to rebellion as long as the will is prompted by its urge to freedom."(Bauman 1995b: 59 und Fußnote 12) und vgl.Levinas 1987b, Freedom and Command, in Collected Philosophical Papers.

> sind nicht moralisch dank der Gesellschaft (dank ihrer sind wir nur ethisch oder gesetzestreu); wir leben in Gesellschaft, wir *sind* Gesellschaft dank unseres Moralischseins. Im Kern der Sozialität steckt die Einsamkeit der moralischen Person. Noch bevor die Gesellschaft, ihre Gesetzgeber und Philosophen dazu kommen, ihre ethischen Prinzipien auszusprechen, gibt es Wesen, die ohne Zwang (oder ist es ein Luxus?) codifizierter Güter moralisch gewesen sind."(Bauman 1995a: 97)

4.2.2 Sozialisation – ein Mittel zur Moralisierung?

Im Kommunitarismus soll Moral durch Sozialisation, Erziehung und Aufklärung vermittelt werden.

Nach Baumans Meinung ist Sozialisierung dazu geeignet, moralische Impulse wegzurationalisieren. Anstatt voreilig einzuwerfen, was man denn nun tun sollte, alle werden doch irgendwo und irgendwie sozialisiert und können dem nicht entgehen, außer man würdenein Leben wie Kaspar Hauser verbringen, soll in dieser Arbeit vielmehr betont werden, daß man sich eher der *Ambivalenz der Sozialisierung* stellen sollte. Dies bedeutet zwar, daß einer Sozialisation, wie auch immer sie aussieht, kaum zu entkommen ist (vielleicht ist es auch mehr die Frage, *wie* ihr manchmal zu entkommen ist). Dennoch muß sie nicht glorifiziert werden, sondern eine Einsicht dafür entwickelt werden, daß Sozialisation sowohl (bestenfalls) die Augen für den/ die Anderen öffnen kann, aber auch ebensogut (wenn nicht noch mehr) dem/ der Anderen gegenüber blind machen kann und somit *vielleicht* nicht *die* entscheidende Basis für moralisches Handeln ist. Sozialisation kann einerseits die Bedingung der Möglichkeit von Für-Sein bilden und andererseits kann sie gleichzeitig die Bedingung der Unmöglichkeit von Für-Sein sein.

Durch Prozesse der Sozialisation[8] gewinnt das Individuum seine Identität als eine in Gesellschaft handlungsfähige Persönlichkeit.

> „Sozialisierung ist [...] ein steuerbarer Prozeß, der auf die Reproduktion (Perpetuierung) bestimmter Identitätsarrangements zielt. Ihre Idealvorstellung, wenn schon nicht ihre Praxis, besteht darin, je-

[8] Gegenüber dem Begriff Erziehung ist Sozialisation als Oberbegriff aufzufassen, denn er umschreibt neben den von speziellen Personen (z.B. Eltern) und Institutionen (z.B. Familie) vorgenommenen pädagogischen Prozessen auch alle sonstigen Mechanismen der Beeinflussung und Persönlichkeitsbildung.

> dem einzelnen Gesellschaftsmitglied Identität zuzuschreiben. Sozialisierung ist das Vehikel der Klassifizierung und Differenzierung. Man kann behaupten, das Management sozialer Ordnung besteht zuerst und vor allem im Klassifizieren und Differenzieren sozial zugewiesener Rechte und Pflichten, die sich zu individuell gefaßten oder von Individuengruppen geteilten Identitäten verbinden.
>
> In der modernen Gesellschaft waren es nicht in erster Linie explizit Identitäten, die klassifiziert, differenziert und zugeschrieben wurden, sondern eher die variierenden Grade an Bewegungsfreiheit zwischen Identitäten oder, wenn man so will, die Freiheit, zwischen Identitäten zu wählen. Diese Freiheit war ungleich verteilt und lieferte damit die maßgebliche Dimension der Differenzierung (der Ungleichheit).“(Bauman 1995a: 180)

Dabei nahmen manche die elitäre Position ein, zu klassifizieren, zu disziplinieren, zu überwachen, zu strafen und auszuschließen. Dem anderen Teil der Bevölkerung wurde die Hoffnung auf eigene (auch eigene moralische) Entscheidungen genommen, „ihre vereinzelten oder mehrfachen Versuche, die zugeschriebenen Identitäten abzulegen, wurden konsequent als strafwürdiges oder intensive Behandlung erforderndes Verhalten – oder beides – kriminalisiert.“(Bauman1995a: 181)

Bauman zählt zu den Opfern dieser Ausklassifizierungen und Disziplinierungsmaßnahmen z.B. die Stereotype von „Minderwertigen Rassen“, die als rückständig angesehen wurden (und heute auch noch so angesehen werden, betrachtet man einmal Rudolf Steiners „Rassenlehre“, vgl. Geden 1996: 121-151)[9] ; oder Arme und Bedürftige, die nicht von Vernunft geleitet seien, unfähig, ihr Wohl durch Sparsamkeit oder harte Arbeit aufzubessern oder

[9]Trotz eines offenen Rassismus im Werke Steiners genießt die Anthroposophie immer noch einen guten Ruf und es ist kaum zu erwarten, daß sich die Mehrzahl der AnthroposophInnen jemals mit Rudolf Steiners Wurzelrassenlehre und seinen ideologischen Prämissen auseinandersetzen wird. Es stellt sich ohnehin die Frage, was ohne die Wurzelrassenlehre noch von der Steiner'schen Philosophie übrig bliebe. Warum werden Aussagen wie z.B. „Die Negerrasse gehört nicht zu Europa, und es ist natürlich nur ein Unfug, daß sie jetzt in Europa eine so große Rolle spielt. [...] Der Schwarze ist ein Egoist, der nimmt alles Licht und Wärme auf. [...] Die weiße Rasse ist die zukünftige, ist die am Geiste schaffende.“(Steiner, 1980, Gesamtausgabe 349: 52ff) nicht vehementer auf- und angegriffen, vor allem innerhalb der Anthroposophie? Warum wissen die meisten nur etwas über Waldorfschulen und nichts über die rassistischen und bedenklichen Grundbausteine der dahinterliegenden Philosophie? Warum gibt es noch so viele AnhängerInnen der Anthroposophie und so wenig Auseinandersetzung mit den Lehren Steiners?

auch die in weiten Teilen der Bevölkerung immer noch implizite Stereotype, Frauen seien mit einer größeren Portion Animalität belastet und so durch ihren „angeborenen“ oder „genetisch bedingten Hang zur Emotionalität“ unfähig, der Stimme der Vernunft zu folgen.

> „Was diese scharf geschiedenen Klassen von Leuten einte, sie mehr zum Objekt von Entscheidungen als zum Entscheidungsträger und dadurch sowohl zu Ursprung wie Zielscheibe ethischer, erzieherischer und strafender Bemühungen machte, war das ihnen allen angelastete Merkmal *moralischer Unfähigkeit*. Die unterstellte mangelnde Befähigung zum (richtigen, reifen) moralischen Urteil ließ all ihre Entscheidungen, soweit es sich um eigene, autonome, freiwillige, spontane Entscheidungen handelte, a priori verdächtig werden. Foucaults 'Überwachungen' , die ‚großen Einkerkerungen' des 19. Jahrhunderts, waren nur konkreter Ausdruck des leitenden Prinzips sozialisationsorientierter Ethik, die auf moralisch schwache Klassen zielte: Ausdruck des Grundsatzes, daß deren angemessenes, gutes Verhalten nur heteronom sein, erzwungen und von außen eingeleitet werden könne.“(Bauman 1995a: 181)[10]

Die Annahme, daß Sozialisation auch den moralischen Impuls wegrationalisieren und unmöglich machen kann, soll später noch einmal aufgenommen und genauer untersucht werden. An dieser Stelle sei noch einmal festgehalten: Sozialisierung birgt nach Meinung Baumans eher die Gefahr, unmoralisches Handeln zu fördern, als daß Sozialisierung es fördere, dem anderen Menschen als Antlitz zu begegnen.

[10] Auch der Liberalismus geht von dieser Annahme aus, daß das Hobb'sche „homo homini lupus est“ eine Anlage oder Neigung der Menschen ist, die den Menschen die Aussicht auf eine eigene moralische Fähigkeit verstellt: „Der Liberalismus glaubt also zwar an die Fähigkeit jedes einzelnen, gegenüber allen anderen Gerechtigkeit zu üben; das heißt, er glaubt an die Einsichtsfähigkeit jedes einzelnen, bestimmte Regeln des friedlichen Zusammenlebens als die Voraussetzung für gesellschaftliche Freiheit zu akzeptieren. Der Liberalismus verläßt sich jedoch nicht auf diese grundsätzliche optimistische Einschätzung des Menschen, sondern trägt dessen Neigung Rechnung, gegenüber anderen ungerecht, selbstsüchtig und gewalttätig zu sein.“(Herzinger 1997: 46)

4.2.3 Die „postulierte Gemeinschaft" und die Tradition

> „Und nun werdet ihr mich fragen, wie es mit dieser Tradition angefangen hat. Ich sage euch: Ich weiß es nicht." Aus: Anatevka

Baumans Kritik an einem Gemeinschaftsbegriff, die er in vielen seiner Bücher nicht müde wird, zu wiederholen, führt ihn immer wieder auf den Begriff der *postulierten* Gemeinschaft (vgl auch: Moderne und Ambivalenz 1995c, Ansichten der Postmoderne 1995d) und reaktualisierten Tradition. Was meint er damit?

Eine Behauptung über den Vorrang oder Vorzug einer „natürlichen" oder gegebenen Gemeinschaft argumentiert, daß jedeR in eine gewisse Sprache und Tradition hineingeboren wird, die konstitutiv dafür ist, „what there is to be thought of before we start thinking ourselves, what we are see before we begin to look, what we are to say before we learn to speak [. . .] , and how we are conduct ourselves before we start pondering the choices."(Bauman 1995b: 276)

Um sich selbst zu verstehen und um zu wissen, was und wer man ist, muß man – auch der Ansicht einiger KommunitarierInnen nach – bewußt die Tradition aufnehmen, und um die Identität fest und intakt zu halten, muß man diese Tradition mit ganzem Herzen unterstützen, ihr (und den Hütern dieser Tradition) die Loyalität versichern.

Aber Bauman ist der Meinung, daß Traditionen nicht von selbst und unabhängig davon ‚existieren', von dem, was gedacht und wie gehandelt wird, sondern

> „they are daily reinvented by our dedication, our selective memory and selective seeing, our behaving 'as if' they defined our conduct.[11] The

[11]Vielleicht ist hier ein Verständnis von Tradition sehr hilfreich, wie es Robert N.Bellah in seiner Studie „Gewohnheiten des Herzens" mit dem Begriff einer „genuinen Tradition" beschreibt, im Gegensatz zu der, die immer wieder zur Vergangenheit zurückkehren will, wie es bei MacIntyre zum Teil der Fall ist. Eine genuine Tradition ist selbstreflexiv und immer im Zustand der Entwicklung. (vgl. Bellah u.a. 1987: 321) Dieses Verständnis von Tradition schließt sowohl die Erkenntnis ein, daß jeden Tag die Tradition iterativ reproduziert wird, vor allem aber über diesen Prozeß reflektiert und nicht unhinterfragt ‚Altes' übernommen wird.)

An dieser Stelle sei noch einmal auf die Unterschiedlichkeiten und die Vielfalt innerhalb des kommunitaristischen Diskurses hingewiesen, die z.B. in den unterschiedlichen Vorstellungen von Tradition bei den Kommunitariern Bellah und MacIntytre auftauchen. Dies

> allegedly 'primordial' communities are postulated; and the meaning of their being 'real' is that many people, in union, follow the postulate. [...] True, unlike the depersonalized world of individuals, the postulation of community neither promotes moral indifference nor suffers it lightly. But it does not cultivate moral selves either."(Bauman 1995b: 277f)[12]

Zygmunt Bauman spitzt seine Kritik noch weiter zu, indem er den Kantschen Begriff der *ästhetischen Gemeinschaft* oder den der *Wolke von Gemeinschaft* [13] von Jean-François Lyotard verwendet. So verdunsten in Baumans Sicht „Gemeinschaften nach Art von Tönnies"(Bauman 1995c: 305) in dem Augenblick, in dem sie sich selbst als Gemeinschaft wissen. „Sie verschwinden [...], sobald wir sagen: ‚wie nett ist es, in einer Gemeinschaft zu sein.' "(Bauman 1995c: 305)

Dann ist es eine harte Arbeit der Gemeinschaftskonstitution, die immer wieder den Status erreichen muß, ‚nett' zu sein. Oder anders gesagt: „Wir richten uns selbst und unsere welkende Entschlossenheit auf, indem wir die magische Formel ‚Tradition' anrufen – und angestrengt versuchen zu vergessen, daß Tradition einzig dadurch lebt, daß sie rekapituliert wird, daß sie als *Erbe* interpretiert wird; daß sie, wenn überhaupt, erst am Ende, nie-

macht natürlich eine Kritik wie die von Bauman nicht gerade leichter, soll es auch gar nicht. Unter Kritik muß man nicht so sehr das Gegenüberstellen von einer „Wahrheit" gegen die andere verstehen, sondern eher eine Anregung dafür, sog. Wahrheiten, Bedeutungen und Vorstellungen zu hinterfragen und dem/ der LeserIn andere Horizonte und Spuren zu eröffnen.

[12] Nach Ansicht des Autors ist der Gemeinschaftsbegriff in Baumans Werken zu undifferenziert. Auf der einen Seite kritisiert er Gemeinschaften (wie man oben gelesen hat) und auf der anderen Seite stellt für ihn eine *politische Gemeinschaft* die große Chance dar, individuelle Freiheit zu erlangen (vgl. Bauman 1999: 367 und Kapitel 8). Dennoch versteht der Autor Bauman in der Art und Weise, daß er vor allem sog. „uranfängliche" (allegedly primordial) Gemeinschaftstypen, wie traditionale, brüderliche, organische oder autoritäre, kritisiert.

[13] Folgendes Zitat soll verdeutlichen, was Lyotard unter der ‚Wolke von Gemeinschaft' versteht: „Die Gemeinschaft, die als Stützung für die Gültigkeit eines solchen Urteils [gemeint ist das Geschmacksurteil] benötigt wird, [muß] sich stets in einem Prozeß befinden, in dem sie sich bildet *und* auflöst. Bei dem Konsens, den ein solcher Prozeß mit sich bringt, handelt es sich, wenn es überhaupt irgendeinen gibt, keinesfalls um irgendeinen argumentativen Konsens, sondern vielmehr um einen verkappten und entziehenden, dem eine besondere Art von Lebendigkeit gegeben ist: er verbindet Leben und Tod, bleibt stets in statu nasciendi oder moriendi, läßt stets die Frage offen, ob er wirklich existiert oder nicht. Diese Art von Konsensus ist definitiv nichts anderes als eine Wolke von Gemeinschaft."(Lyotard 1989:78)

mals am Anfang der Übereinstimmung erscheint; daß ihre retrospektive Einheit nur eine Funktion der Dichte der heutigen gemeinschaftlichen Wolke ist."(Bauman 1995c: 305)

„Tradition" kann auch als Suche nach Übereinstimmung in der Gemeinschaft gedeutet werden. Aber es wird vergessen, daß bei einer Suche nach gemeinschaftlichen Gründen der Übereinstimmung, diese in noch mehr Zerstreuung, Fragemtierung und Heterogenität endet: „Der Drang nach Synthesis ist der bedeutendste Faktor der endlosen Zweiteilung. Jeder Versuch, auf Übereinstimmung und Synthese zu drängen, führt zu neuen Zersplitterungen und Trennungen. [...] Die Suche nach Gemeinschaft verwandelt sich in ein umfassendes Hindernis für ihre Entstehung. Der einzige Konsensus, der wahrscheinlich eine Chance auf Erfolg hat, ist die Anerkennung der Heterogenität der Nichtübereinstimmung."(Bauman 1995c: 306)[14]

Mit Zygmunt Bauman wurden die verschiedenen Aspekte, die zuvor als *essentials* einer kommunitaristischen Ethik beschrieben wurden, einer Kritik unterzogen, die sich auch weitestgehend auf das Gedankengut Emmanuel

[14]Eine Berufung auf Konsens und Konvention – und eine oftmals damit verbundene Sichtweise auf Wahrheit (Wahrheit als das, was durch jeweils gültige Bewertungsmethoden festgesetzt (validiert) wird) – behandelt die Norm als ihre Grundlage. Jonathan Culler schreibt dazu in seiner Auseinandersetzung mit der Dekonstruktion und Derrida: „Normen aber, wie Derrida [...] gezeigt hat, sind Produkte eines Ausschließungsprozesses. Sprechakttheoretiker schließen nicht-ernsthafte Beispiele aus, um ihre Konsens- und Konventionsregeln begründen zu können. Moralisten schließen die Devianz aus, um ihre Vorschriften auf einen sozialen Konsens stützen zu können. Wenn, wie Rorty feststellt, die Analyse einer Aussage zur Feststellung ihrer Objektivität darin besteht, ‚herauszufinden, ob es unter gesunden und vernünftigen Menschen eine allgemeine Übereinstimmung darüber gibt, was als Bestätigung ihrer Wahrheit gilt', dann kommt Objektivität durch den Ausschluß derjenigen zustande, die nicht als gesund und vernünftig gelten: Frauen, Kinder, Dichter, Propheten, Verrückte. Allgemeine Übereinstimmung ist häufig zu finden, aber ein Konsens, der als Grundlage dienen soll, ist kein Gegebenes, sondern ein Produkt – geschaffen durch eben solche Ausschließungen. Da die Dekonstruktion sich für das Ausgeschlossene interessiert und für die Perspektive, die dieses auf den Konsens eröffnet, kommt eine Konsenstheorie der Wahrheit oder eine Einschränkung der Wahrheit auf das, was innerhalb eines Systems beweisbar ist, für sie nicht in Frage. Gerade die Vorstellung, daß Wahrheit das sei, was durch jeweils gültige Bewertungsmethoden validiert werde, wird zur dessen Kritik verwendet, was als wahr gilt. Da die Dekonstruktion den Versuch unternimmt, Systeme von außen wie von innen zu betrachten, versucht sie, die Möglichkeit offenzuhalten, daß die Exzentrizität [die Außenposition, d.Verf.] von Frauen, Dichtern, Propheten und Verrückten vielleicht Wahrheiten über das System vermittelt, für das sie selbst marginal sind – Wahrheiten, die dem Konsens widersprechen und nicht innerhalb des jeweils gültigen Rahmens beweisbar sind."(Culler 1988: 170)

Lévinas' bezieht. Bevor jedoch die Spur weiter verfolgt wird, sollen einige Aspekte von Moral zusammengefasst werden, die Bauman ihr aus „postmoderner" Sicht zuschreibt.

5 Eine postmoderne Sicht auf Moral

Es sind folgende Merkmale, die aus Baumans Sicht die moralische Verfassung prägen:

1. Die weitverbreitete Auffassung, daß Menschen 'von Natur aus' gut seien[1] und ihnen nur geholfen werden müßte, sich ihrer Natur gemäß zu verhalten und ebenfalls die Annahme, daß Menschen ihrem Wesen nach böse seien und man sie vor ihren Trieben schützen muß, sind falsch.

   Derrida zeigt in seinem Werk „Grammatologie"(1974), daß z.B. bei Rousseau die Erziehung ein Supplement (eine Ergänzung) der 'menschlichen Natur' oder des Ausdruckes 'von Natur aus' darstellt. Prinzipiell wird Natur vollkommen, als eine natürliche Fülle oder Substanz (Essenz) gesehen, zu der die Erziehung lediglich eine Ergänzung ist. Aber die Beschreibung dieser Ergänzung enthüllt einen der Natur inhärenten Mangel; Natur muß bei Rousseau und vielen anderen DenkerInnen durch Erziehung vervollständigt werden – supplementiert werden –, wenn sie wirklich sie selbst sein soll: Richtige Erziehung ist notwendig, damit die menschliche Natur so zum Vorschein kommt, wie sie wirklich ist. Die Logik der Ergänzung verleiht so dem Begriff der Natur etwas Ursprüngliches bzw. Priorität, eine anfangs vorhandene Fülle, enthüllt aber zugleich einen inhärenten Mangel oder eine innere Abwesenheit, so daß Erziehung, die hinzugefügte Ergänzung, ihrerseits wieder zu einer wesentlichen Bedingung dessen wird, was sie supplementiert. Was dadurch deutlich wird, ist, daß man sich den Begriff der 'menschlichen Natur' bzw. die oben angesprochene Auffassung des 'von-Natur-aus' nicht als etwas Ursprüngliches oder Essentielles vorstellen darf: D.h., wenn man in einem bestimmten Kontext von Natur und Erziehung spricht, gibt es keine Priorität des einen

[1] Ich möchte hier noch einmal darauf hinweisen, daß z.B. Lévinas an keiner Stelle schreibt, die Menschen seien ‚von Natur aus' gut. Gut zu sein, von Natur aus, ist absolut unterschiedlich zu einer Ver*antwort*ung, die aus der Begegnung von Angesicht-zu-Angesicht entsteht.

über das andere, sie ergänzen sich gegenseitig und verweisen aufeinander (vgl. Derridas Prinzip der différance und des supplements, 1972 und 1974).

Doch zurück zu Bauman: Er hält beide am Anfang genannten Auffassungen für falsch. Er behauptet hingegen, daß die Menschen tatsächlich moralisch ambivalent sind: „Ambivalenz wohnt im Kern der 'Primärszene', des menschlichen von Angesicht-zu-Angesicht."(Bauman 1995a: 23) Die nachfolgenden sozialen Arrangements wie Institutionen, rational artikulierte Regeln und Pflichten, setzen diese Ambivalenz als ihren Grundstoff ein,

> „während sie alles tun, sie von ihrer Erbsünde, nämlich ambivalent zu sein, zu reinigen. [...] Kein logisch kohärenter ethischer Code kann der essentiell ambivalenten Verfassung von Moralität Genüge tun. Und auch Rationalität kann moralische Impulse nicht außer Kraft setzen; sie kann sie höchstens ruhigstellen und lähmen, deshalb aber die Chancen, daß Gutes getan wird, nicht erhöhen, vielleicht sogar vergleichsweise verringern."(Bauman 1995a: 23)

Es gibt demnach keine Garantien für moralisches Verhalten, weder durch eine 'bessere' Gestaltung der Handlungskontexte noch durch 'bessere' Handlungsmotive. Deshalb muß man lernen, „ohne solche Garantien zu leben und mit dem Bewußtsein, daß es sie auch nie geben wird – daß eine perfekte Gesellschaft ebenso wie ein perfektes menschliches Wesen keine realisierbare Aussicht darstellen und Versuche, das Gegenteil zu beweisen, zu größerer Grausamkeit als zu mehr Menschlichkeit – und sicher zu weniger Moralität – führen."(Bauman 1995a: 23)

Moralische Ambivalenz läßt sich auch z.B. darin erkennen, daß oftmals ein Für-Sein für den/ die AndereN in Unmoral und Unfreiheit umschlagen kann. So kann Fürsorge plötzlich dahin führen, daß der andere Mensch abhängig wird, die Beziehung, die von der Moral ausging, plötzlich ihren moralischen Charakter weitestgehend verliert. Für sich genommen hat der Fürsorgende dann immer noch den Eindruck, er bewirke Gutes, während es hingegen für den anderen Menschen vielleicht nichts Gutes mehr bedeutet. Dadurch drängt sich eine weitere Behauptung auf, nämlich, daß Moralität unheilbar aporetisch ist. So kann jeder moralische Impuls, wenn er konsequent zu Ende geführt wird, sowohl unmoralische Folgen haben, als auch Dritte vernachlässigen. Auf der anderen Seite kann ein moralischer Impuls sich nur erfüllen, wenn der/ die moralisch Handelnde in seinem/ ihrem Bemühen an die Grenzen geht. „Das moralische Selbst fühlt, handelt und bewegt sich im Kontext der Ambivalenz und ist mit Unsicherheit durchsetzt. [...] Ungeachtet all der gegenteiligen Anstrengungen wird Unsicherheit die Verfassung des moralischen Selbst immer begleiten. Tatsächlich kann man das moralische Selbst an seiner Unsicherheit erkennen – ob wohl all das, was getan werden mußte getan wurde."(Bauman 1995a: 25)

2. Moralische Phänomene sind inhärent nicht-rational. Wie schon weiter oben beschrieben wurde, ist moralisches Handeln nur dann moralisch, wenn es jeglichen Zwecküberlegungen und Kosten/ Nutzenrechnungen vorrausgeht und überschreitet. Moralische Phänomene entziehen sich somit den Begriffen von Brauchbarkeit oder Dienst, den sie einem moralischen Subjekt, einer Gruppe oder Sache erweisen, denn sie sind nicht so gleichförmig, monoton oder vorhersagbar, daß sie als regelgeleitet darzustellen wären. Oft wird Ethik nach den Mustern des Rechts gedacht: Ethik setzt sich dann selbst das Ideal, unzweideutige Definitionen hervorzubringen bzw. klare Regeln, die eine Wahl zwischen angemessenem und unangemessenem Handeln liefern und die keine Grauzone der Ambivalenz oder eine Mehrfachinterpretation zulassen:

   Ethik geht dann davon aus,

   > „in jeder Lebenssituation könne und solle eine Wahl als die eine gute im Gegensatz zu den zahlreichen schlechten dekretiert werden. Handeln kann demzufolge in jeder Situation rational sein – nämlich so, wie die Handelnden es auch sein sollten. Doch diese Annahme unterschlägt, was an Moralität eigentlich moralisch ist. Sie verschiebt moralische Phänomene aus dem Bereich der persönlichen Autonomie in den machtgestützter Heteronomie. Sie setzt erlernbares Wissen um Regeln an die Stelle eines moralischen Selbst, das sich durch Verantwortung konstituiert. Sie setzt Verantwortlichkeit gegenüber den Gesetzgebern und -hütern des

> [moralischen, S.M.] Codes an die Stelle, an der früher Verantwortlichkeit gegenüber dem Anderen und dem eigenen moralischen Gewissen bestand – als dem Kontext, in dem moralische Position bezogen wird."(Bauman 1995a: 24)

3. Moral läßt sich nicht universalisieren. Was zunächst wie ein moralischer Relativismus aussieht oder eine 'anything goes'-Moral impliziert, wie sie sich in häufigen Aussagen ausdrückt, in denen Moral ausschließlich lokal und temporär betrachtet wird, in denen Moral geprägt ist von lokalen Gegebenheiten, Stammesgeschichten oder kulturellen Erfindungen, hat jedoch bei Bauman eine andere Bedeutung. Er wendet sich offen gegen einen relativistischen und am Ende nihilistischen Blick auf die Moral (Vgl.: Bauman 1995a: 25) Unter Nicht-Universalisierbarkeit von Moral versteht er etwas anderes: Die Vorstellung der Nicht-Universalisierbarkeit von Moral „opponiert gegen eine konkrete Version des moralischen Universalismus, die in der Moderne als kaum verschleierte Absichtserklärung diente, sich auf *Gleichschaltung* zu verlegen, auf eine zähe Kampagne, Unterschiede zu glätten und vor allem die 'wilden'-autonomen, widerspenstigen, unkontrollierten- Ursprünge der moralischen Urteilskraft zu eliminieren."(Bauman 1995a: 25f)

   Theorie und Praxis der Moderne betrachteten Diversitäten und Mehrdeutigkeiten moralischer Glaubenslehren als Scheußlichkeit und Herausforderung, diese zu überwinden. „Doch das geschah nicht offen, [. . .] sondern heimlich im Namen der einen Ethik für alle, die alle lokalen Verzerrungen ausräumen und verdrängen sollte. Wie wir heute sehen, passiert dabei nichts anderes als die Einsetzung heteronomer, von außen erzwungener ethischer Regeln an die Stelle der autonomen Verantwortlichkeit des moralischen Selbst."(Bauman 1995a: 26)

   Der Effekt der Universalisierungsanstrengungen ist nicht so sehr die vollendete Universalisierung, sondern die Schwächung und das Verstummen des moralischen Impulses und ein „Kanalisieren moralischer Fähigkeiten in Richtung gesellschaftlich vorgefertigter Ziele, die unmoralische Zwecke einschließen können und auch tun."(Bauman 1995a: 26)

4. Ausgangspunkt jeder Ethik ist die moralische Verantwortlichkeit, in dem Sinne, daß man *für* den/ die AndereN ist. Diese Verantwortlichkeit kennt keine Begründungen, keine rational erklärbare Ursache und auch keinen determinierenden Faktor. „Aus demselben Grund, aus dem sie [die Verantwortlichkeit, d. Verf.] nicht weggewünscht werden könnte, kann sie auch nicht ein überzeugendes Argument für die Notwendigkeit ihrer Anwesenheit anbieten."(Bauman 1995a: 27) Wie oben schon einmal betont wurde, macht eine Frage: „Wie ist Moral möglich?", gestellt an die Moral, keinen Sinn; denn Moral besitzt keine Begründung. Solch eine Frage zwingt die Moral, sich zu rechtfertigen – „doch die Moral bedarf keiner Entschuldigung, da sie der Herausbildung eines sozialen verwalteten Kontextes vorausgeht, innerhalb dessen erst die Begriffe der Rechtfertigungen und Begründungen auftauchen und Sinn ergeben."(Bauman 1995a: 27)

   Die Frage: „Wie ist Moral möglich?" unterstellt zudem, daß moralische Verantwortung ein Mysterium konträr zur Vernunft ist, daß ein Selbst nur in besonderen Momenten moralisch ist, so als müsse das Selbst, um moralisch zu handeln oder zu sein, erst ein paar andere seiner Konstituenten aufgeben.

   > „Am geläufigsten ist die Prämisse, Eigeninteresse müsse aufgegeben werden, da moralisches Handeln typischerweise nicht selbstbezogen sei. Dabei wird angenommen, 'für andere dasein' sei mehr 'wider die Natur' als das 'für sich selbst dasein', und diese beiden Seinsmodalitäten würden in Opposition zueinander stehen. Moralisches Verantwortungsgefühl ist jedoch ein Akt der Selbstkonstitution. Der Verzicht geschieht, wenn überhaupt, dann auf dem Wege vom moralischen zum sozialen Selbst, vom 'Fürsein' zum 'bloßen Mit-sein'."(Bauman 1995a: 28)

5. Gegen die häufige Schwarzmalerei einer postmodernen Perspektive, aber auch gegen manche postmoderne 'anything goes'-AutorInnen, bedeutet dieser Blick auf moralische Phänomene nicht einen Relativismus der Moral. Ebenfalls bedeutet dies auch nicht, daß man schulterzuckend und indifferent auf die Vielfalt ethischer Codes blicken kann. Im Gegenteil: Bauman betont:

   > „Moderne Gesellschaften praktizieren moralischen Parochialismus [parochial=zur Pfarrgemeinde, -bezirk gehörig, vielleicht hier

> im Sinne von: eine Ethik in einem bestimmten, lokal begrenzten Territorium praktizieren, Anm.d.Verf.] hinter der Maske, eine universale Ethik zu fördern. Indem sie die essentielle Unvereinbarkeit von jedweden machtgestützten ethischen Codes einerseits und der unendlich komplexen Verfassung des moralischen Selbst andererseits aufdeckt, genauso die Unwahrheit des gesellschaftlichen Anspruchs, der ultimative Verfasser und einzig vertrauenswürdige Hüter der Moralität zu sein, zeigt die postmoderne Perspektive, daß die Relativität der ethischen Codes und moralischen Praktiken, die man vorschlägt oder unterstützt, Ergebnis der *politisch* geförderten Parochialität der *ethischen Codes* mit Universalitätsanspruch ist – und nicht Ergebnis der 'uncodifizierten' moralischen Verfassung und des moralischen Verhaltens, das man als beschränkt verschrie. Die ethischen Codes sind vom Relativismus heimgesucht, einer Plage, die nichts anderes ist als ein Reflex oder Niederschlag stammesbedingter Parochialität institutioneller Gewalt, welche die ethische Autorität usurpiert."(Bauman 1995a: 28f)

Auch wenn die Vielfalt durch internationale, institutionale Gewalt politisch, sozial oder kulturell überwunden werden soll, führt dies zu einer noch umfassenderen Substitution der Moral durch einen ethischen Code, einem Code anstelle eines moralischen Selbst, einer Heteronomie statt Autonomie.

Eine Beschreibung einer allgemeinen moralischen Verfaßtheit, wie sie die hier vorgestellte postmoderne Perspektive verdeutlicht, geht allen „diversifizierenden Effekten der gesellschaftlichen Verwaltung moralischer Befähigung"(ebd.: 29) und dem Bedarf an einer verwalteten Universalisierung voraus.

Und so soll das Kapitel mit einem Zitat von Bauman schließen, das vielleicht ein wenig hilflos (oder auch gerade nicht) oder utopisch anmutet, das aber auch als Chance gesehen werden kann:

> „Die die gesamte Menschheit umspannende moralische Einheit ist, wenn überhaupt, nicht als Endprodukt eines globalisierten Herrschaftsbereiches politischer Gewalt mit ethischen Ambitionen denkbar, sondern als utopischer Horizont der **Dekonstruktion des Nach-uns-die-Sintflut- Denkens von Nationalstaaten,**

von Nationen-auf-der-Suche-nach-einem-Staat, von traditionellen Gemeinschaften und Gemeinschaften-auf-der-Suche-nach-Tradition, von Stämmen und Neostämmen sowie ihren ernannten und selbsternannten Sprechern und Propheten; als eine ferne (und, sei's drum, utopische) Aussicht auf Emanzipation des moralischen Selbst und die Rehabilitation seiner moralischen Verantwortlichkeit; als eine Aussicht auf ein moralisches Selbst, das – ohne Fluchtgedanken – der inhärenten und unteilbaren Ambivalenz ins Auge sieht, die jene Verantwortlichkeit mit sich bringt und die bereits ihr Schicksal ist – immer noch darauf wartend, seiner Bestimmung zugeführt zu werden."(Bauman 1995a: 29f, Herv. v.Verf.)[2]

[2]Entgegen vielverbreiteter Meinungen ist die Dekonstruktion nicht ein Ende der Politik (vgl. auch Butler 1994, Moebius/Szczepanski 1996). Es heißt vielmehr „an zwei Fronten [zu] kämpfen, auf zwei Bühnen und in zwei Registern – Kritik der gegenwärtigen Institutionen und Dekonstruktion der philosophischen Gegensätze – , während man gleichwohl die Unterscheidung zwischen den beiden bekämpft („Où commence et comment finit un corps enseignant"(Derrida 1974: 67))."(Culler 1988: 176) Wie das praktisch aussehen kann, zeigt beispielsweise die queer-Bewegung und deren queer-politics, in der Auflösung binärer Kategorien einerseits und dem Einsetzen von Identitätspolitik zu gegebenem Zeitpunkt andererseits, je nach politischem Ziel, im Sinne eines politischen Eklektizismus.

6 Kritik an der Postmodernen Ethik

Im weiteren Verlauf soll Baumans Konzeption von Ethik einer kritischen Betrachtung unterzogen werden. Dabei stehen insbesondere folgende Fragen im Mittelpunkt: Kann diese Sicht auf Moral einer fundierten Kritik standhalten? Wo befinden sich etwaige theoretische als auch empirische Lücken seiner „Postmodernen Ethik"? Oder liegt sie fernab von jeglicher Kritisierbarkeit?

Für folgende, reflexive Betrachtungsweise soll aus den verschiedenen kritischen Stimmen, die zu der Bauman'schen Auffassung postmoderner Moralität laut wurden (vgl. z.B. Lash 1996 und Rommelspacher 1997), diejenige von Birgit Rommelspacher ausgewählt werden, insbesondere weil ihr Essay „Die postmoderne Fassung einer antimodernen Ethik" zahlreiche Fragestellungen gut verdeutlicht. Einerseits werfen die kritischen Anmerkungen in ihrem Artikel einige – von Bauman – ungelöste Fragen und Problemstellungen auf, andererseits gibt eine Auseinandersetzung mit dieser Kritik die Chance, das Verständnis der „Postmodernen Ethik" noch zu vertiefen. Dabei soll ein bestimmtes Kritikprojekt, das sich an Michel Foucault anlehnt, verfolgt werden: Die Veränderung der Perspektive (vgl. Schäfer 1995). Das heißt zum einen, sich bewußt zu sein, daß aus der eigenen Perspektive geschrieben und somit kein endgültiger und universeller Wahrheitsanspruch eingestanden wird und zum anderen, bestimmte Problemstellungen aus einer anderen Perspektive wahrzunehmen.

Interessant erscheint in diesem Zusammenhang gerade Rommelspachers Kritik, da sie eine theoriepolitische Spur verfolgt, die sich an „modernen" Vorstellungen von Politik orientiert. So empfindet sie es beispielsweise als einen Widerspruch, daß Bauman *moderne* emanzipative Ideale vertritt, aber dennoch die Moderne anklagt, auf spektakuläre Weise bei der Durchsetzung dieser Ziele versagt zu haben. Bei einer solchen absoluten Verurteilung und Allmacht der Moderne durch Bauman werden diejenigen Prozesse, gegen die sich die Moderne durchsetzen mußte (also das konstitutive Außen), nirgendwo ersichtlich.

Aber ihr Artikel ist auch aus einem anderen Grund für die vorliegende Arbeit von Interesse: Birgit Rommelspacher zeigt auf sehr anschauliche Art und Weise auf, inwiefern Bauman verschiedene Debatten der feministischen Theorie nicht zur Kenntnis genommen hat, sei es z.B. die Kritik an der Verabsolutierung sozialer Kategorien oder die Diskussion über die Gerechtigkeits- und Fürsorge-Ethik. Dies gilt es natürlich an Bauman zu kritisieren. Ferner ist es aber auch möglich, die Position einer Postmodernen Ethik mit der feministischen Theorie zu verbinden. Deshalb soll im folgenden Rommelspachers Kritik aufgenommen werden, um dann aber aufzuzeigen, daß eine dekonstruktive Richtung innerhalb der feministischen Theorie einer Postmodernen Ethik am meisten gerecht wird und die Mittel zu einem *Mehr an Fürsein* bereit hält.

Rommelspachers Kritik enthält jedoch einige schwerwiegende Schwachpunkte. Dies hängt insbesondere davon ab, daß sie sich nicht mit den Werken von Emmanuel Lévinas auseinandersetzt. So wirft sie Bauman vor, die Menschen als *jenseitige Monaden* in ihrer Einmaligkeit zu beschreiben. Dabei sei bei ihm die Bestätigung der Einmaligkeit des Menschen gekoppelt an ein Konzept der Moral, das auf eine vorsoziale Existenz verweise. Anstatt jedoch diese Kritik einfach als unreflektiert beiseite zu schieben, kann sie als Ansporn dafür dienen, einige grundlegende Fragen zu der Ethik von Lévinas erneut aufzugreifen und zu vertiefen.

Im letzten Teil dieses Kapitels soll noch über den Vorwurf Rommelspachers, Baumans Analysen seien vormodern und elitär, gesprochen werden. Versteht Bauman wirklich die heutigen Menschen nur als TouristInnen und „Masse, die ihr Leben verantwortungs- und morallos am liebsten als ständigen Karneval inszenieren und die Lösung in der Einzigartigkeit und Einmaligkeit [...] suchen [...] ? “(Rommelspacher 1997: 264)

6.1 Aporie der Kritik der Moderne?

Wo liegen Rommelspachers Kritikpunkte, welche Spur verfolgt sie und was sind die konstruktiven Schlüsse, die man für eine theoretische und systematische Neukonzeptionalisierung einer postmodernen Sichtweise auf Moralität aufnehmen könnte?

Nach Rommelspacher ist es Baumans großes Verdienst, „gezeigt zu haben, wie sehr der für die Moderne typische Größenwahn einer totalen Rekonstruktion der Gesellschaft mit dem Ziel, sie zu perfektionieren, zu immer mehr Grausamkeit geführt hat; die Barbarei also als ein immanenter Bestandteil der Moderne zu verstehen ist."(Rommelspacher 1997: 259)

Die Moral müsse dabei notwendigerweise auf der Strecke bleiben oder sich quasi im System auflösen. Die problematischen Fragen aber ergeben sich für Rommelspacher zunächst in der allgemeinen Verabsolutierung, mit der die Moderne verurteilt wird:

> „Schließlich ist es die Moderne, die die Postulate der Ethik hervorgebracht hat, die auch *Baumann* als elementar ansieht, sowie soziale Gerechtigkeit, Menschenrechte oder das Austarieren von individuellem und kollektivem Wohlbefinden. Die Moderne erscheint in *Baumanns* Charakterisierung als monolithisch. Die Gegenseite wird nirgendwo sichtbar. Und so fragt sich, wogegen sich die Macht der Moderne durchzusetzen hatte, woher der Widerstand stammte, gegen den sich das System behaupten mußte."(Rommelspacher 1997: 260)

Zunächst zum ersten Satz dieses Zitates: Bauman kritisiert die Moderne und deren ethische Codes einerseits, hält aber andererseits an den emanzipativen Idealen der Moderne fest, kurz gesagt: Bauman scheint sich zu widersprechen.

Birgit Rommelspacher scheint jedoch ein paar wichtige Konsequenzen zu übersehen, die sich aus der analytischen Betrachtung der Moderne für Zygmunt Bauman ergeben:

1. Baumans Sicht auf die Moderne ist nicht so monolithisch, verabsolutierend und widersprüchlich, wie sie Rommelspacher charakterisiert, sondern ambivalent. Es sind zwar moderne Ideale und Begrifflichkeiten wie ‚soziale Gerechtigkeit' und ‚Menschenrechte', die Bauman erreichen will, aber der Weg zu diesen Zielen kann ein anderer, postmoderner sein.[1]

[1] ‚Postmodern' könnte beispielsweise bedeuten, die Praxis der Dekonstruktion als politisches Mittel einzusetzen: „Ein dekonstruktives Fragen, das (so hat es sich tatsächlich zugetragen) damit anhebt, den Gegensatz zwischen *nomos* und *physis* oder zwischen *thesis* und *physis* aus dem Gleichgewicht zu bringen und komplizierter zu gestalten, das also den Gegensatz zwischen dem Gesetz, der Konvention, der Institution einerseits und der Natur andererseits sowie all die Gegensätze, die davon abhängen (beispielsweise – dies ist jedoch nur ein Beispiel – den Gegensatz zwischen positivem Recht und Naturrecht), destabilisiert (die

> „Die großen Anliegen der Ethik – wie Menschenrechte, soziale Gerechtigkeit, Balance zwischen friedlicher Kooperation und individueller Selbstbehauptung, Synchronisierung von individuellem Verhalten und kollektivem Wohl – haben nichts von ihrer Aktualität eingebüßt. Sie müssen nur anders gesehen und behandelt werden."(Bauman 1995a: 13)

Wie dieser Weg auszusehen hat, ist aber in Baumans Argumentation zweischneidig: Einerseits müssen manche Begriffe eine neue Bedeutung erhalten, andererseits durch andere Wörter ersetzt werden. Für den Schlachtruf der Moderne würde dies bedeuten, daß sich die Triade von *Freiheit, Gleichheit, Brüderlichkeit* in die Formel *Freiheit, Verschiedenheit und Solidarität* verwandelt (vgl. Bauman 1995c: 127f).

> „Eine postmoderne Politik, deren Ziel eine lebensfähige politische Gemeinschaft ist, muß sich (wie ich bereits in der Schlußbemerkung von *Moderne und Ambivalenz* gesagt habe) durch das triadische Prinzip von Freiheit, Verschiedenheit und Solidarität leiten lassen; wobei Solidarität die notwendige Bedingung und der entscheidende kollektive Beitrag zum Gedeihen von Freiheit und Verschiedenheit beziehungsweise Differenz ist."(Bauman 1999: 369)

---

différance verschiebt, verlagert, verlegt diese oppositionelle Logik), ein dekonstruktives Fragen, das (so hat es sich tatsächlich zugetragen) damit anhebt, bestimmte Werte aus dem Gleichgewicht zu bringen, komplizierter und paradoxer zu fassen, etwa die Werte des Eigenen und des Eigentums (und zwar in all ihren Registern), oder die Werte des Subjekts [. . .] und der Intentionalität, die Werte endlich, die mit den aufgezählten zusammenhängen, ein solches dekonstruktives Fragen ist in seiner ganzen Spannbreite ein Fragen, welches das Recht und die Gerechtigkeit betrifft. [. . .] Ich bin versucht, den Begriff der Gerechtigkeit, den ich hier tendenziell von dem des Rechts unterscheide, in gewissem Maße jenem anzunähern, der sich bei Lévinas findet, und zwar gerade aufgrund der Unendlichkeit, die ihn auszeichnet [. . .] Lévinas schreibt in seinem Werk *Totalität und Unendlichkeit* [. . .]: ‚Die Beziehung zum Anderen – das heißt die Gerechtigkeit' – die Gerechtigkeit, die in einem anderen Abschnitt als ‚Geradheit und Rechtschaffenheit [*droiture*] des Empfangs, [der dem] Antlitz bereitet [wird] definiert wird. Die Geradheit, die Rechtschaffenheit reduziert sich selbstverständlich nicht auf das Recht, obwohl zwischen beiden ein Bezug besteht. [. . .] Die Gerechtigkeit beruht hier nicht auf Gleichheit, auf einem berechneten Gleichmaß, auf einer angemessenen Verteilung, auf der austeilenden Gerechtigkeit, sondern auf einer absoluten Asymmetrie. Der Begriff der Gerechtigkeit, den Lévinas bildet, nähert sich eher dem, was im Hebräischen der Heiligkeit [*sainteté*] entspricht (dem, was wir mit dem Wort ‚Heiligkeit' – *sainteté* übersetzen)."(Derrida 1991: 17ff)

Aus dieser Sicht wird beispielsweise das aufklärerische Ideal der Brüderlichkeit als eine Praxis pastoraler Macht (vgl. Foucault 1994) übersetzt, die in ein Beharren auf Gleichförmigkeit, Einmischung in alternative Lebensformen und Indifferenz mündet; die von Bauman favorisierten Ideale der *Andersheit, Verschiedenheit und Solidarität*[2] würden dagegen zu einer Zulassung des/ der absolut Anderen führen. Dies würde ferner bedeuten, daß manche Grundtopoi des politischen Diskurses der Moderne korrumpiert sind, daß der Gebrauch solcher Begriffe wie „Universalität" beispielsweise die Kontexte der Unterdrückung wieder aufruft, in denen sie zuvor verwendet wurden. Auf der anderen Seite kritisiert Bauman nicht Ideale wie z.B. ‚Freiheit' an sich (oder ersetzt ihn durch ein anderes Wort), sondern den Weg, den die Moderne zur Freiheit eingeschlagen hat. Oder mit den Worten von Judith Butler ausgedrückt: „Ein Begriff wie ‚Freiheit' bezeichnet irgendwann vielleicht einmal etwas, was er nie zuvor bezeichnet hatte, erfaßt vielleicht einmal Interessen und Subjekte, die aus seiner Zuständigkeit zuvor ausgeschlossen waren. ‚Gerechtigkeit' deckt vielleicht einmal genau das ab, was in ihrer Beschreibung bisher nicht vorkommen konnte."(Butler 1998: 227)

Die Begriffe können also wieder angeeignet und resignifiziert werden, sie können plötzlich völlig neuartige Bedeutungen annehmen, die sie nie zuvor innehatten. Wie auch Jacques Derrida bemerkt (vgl. Derrida 1991), sind emanzipatorische Begriffe wie ‚Gerechtigkeit' nicht bloß „schlechte" Wörter, die allzu sehr an Unterdrückung gebunden sind, sondern es hängt sehr viel davon ab, wie deren jeweilige Semantik gedeutet wird. Diese Zeichen haben keine *reine* Bedeutung an sich, die aus den verschiedenartigen Formen politischen Gehalts herausdestilliert werden könnten (vgl. Lévinas 1989: 15), sondern es liegt an den bestimmten Formen des politischen Kampfes, welche neuen Resignifikationen und semantischen Transformationen die Signifikanten annehmen könnten.[3] Im Falle der Gerechtigkeit hieße dies, eine Un-

[2]„Die Infragestellung meiner Selbst durch den Anderen macht mich dem Anderen in unvergleichlicher und einziger Weise solidarisch. [...] Hier ist die Solidarität Verantwortung, als ob das ganze Gebäude der Schöpfung auf meinen Schultern ruhte."(Lévinas 1983: 224)

[3]Bezüglich des Bedeutens schreibt Bauman in „Unbehagen in der Postmoderne": „[...] Die Bedeutung der postmodernen Kunst liegt in der Dekonstruktion aller Bedeutung; genauer darin, das Geheimnis des Bedeutens zu enthüllen, welches die theoretischen Verfahren der

terscheidung zwischen Recht und Gerechtigkeit vorzunehmen. Eine Unterscheidung zwischen der (Idee der) Gerechtigkeit (die unendlich ist, unberechenbar, widerspenstig gegen jede Regel, asymmetrisch, heterogen) und ihrer Ausübung in Gestalt des Rechts und der Legalität (berechenbar, ein System geregelter, codierter Vorschriften). Um solch eine Unterscheidung vorzunehmen, kann die Praxis der Dekonstruktion sehr hilfreich sein. Denn es wird deutlich,

> „daß die Dekonstruktion des Glaubens an die bestimmende Gewißheit einer gegenwärtigen Gerechtigkeit selber von der ‚Idee der Gerechtigkeit', von der Idee einer unendlichen Gerechtigkeit ausgeht: unendlich ist diese Gerechtigkeit, weil sie sich nicht reduzieren, auf etwas zurückführen läßt, irreduktibel ist sie, weil sie dem Anderen gebührt, dem Anderen sich verdankt; dem Anderen verdankt sie sich, gebührt sie vor jedem Vertragsabschluß, da sie vom Anderen aus, vom Anderen her gekommen, da sie das Kommen des Anderen ist, dieses immer anderen Besonderen. [...] Die Dekonstruktion ist verrückt nach dieser Gerechtigkeit, wegen dieser Gerechtigkeit ist sie wahnsinnig. Dieses Gerechtigkeitsverlangen macht sie verrückt. Diese Gerechtigkeit, die kein Recht ist, ist die Bewegung der Dekonstruktion."(Derrida 1991: 51f)

Aber dieses Übermäßige und die Undarstellbarkeit der Gerechtigkeit, durch die sie sich nicht im Recht und in der Berechnung erschöpft, darf nicht als Alibi dienen, um sich innerhalb irgendeiner Institution

---

Moderne mit aller Kraft zu verdecken oder zu verfälschen suchten: daß Bedeutung nur im Prozeß von Interpretation und Kritik ‚existiert' und auch mit ihm zusammen stirbt. Dies ist es, was die postmoderne Kunst – ungeachtet der häufig erhobenen Konservatismus- Vorwürfe (bemerkenswert vor allem bei Habermas) – zu einer subversiven Kraft macht. Solche Vorwürfe greifen zurück auf die moderne, thanatosgeprägte Konzeption von Entwicklung und Progression als (im wesentlichen) Einführung einer höheren Ordnung; als autoritative Auswahl von Möglichkeiten aller anderen, verworfenen; als das Streben nach einem Zustand, in dem jede weitere Veränderung entweder mißbilligt oder als gesetzwidrig betrachtet wird. Im Lichte dieser Konzeption mag man die postmoderne Kunst, die beharrlich jede Festlegung auf autoritative Lösungen ablehnt und darauf besteht, in den Entwurf jedes Kommunikationskanals ein Grundrauschen einzubauen, als konservativ ansehen; schließlich spottet sie damit jeder Hoffnung auf ein Ende aller Uneinigkeit und die endgültige Sicherung von Konsens, wo einst Polyphonie und unbegrenzte Möglichkeiten herrschten und auch weiterhin herrschen. Doch von Konservatismus, ist man versucht zu sagen, kann man höchstens unter dieser Perspektive sprechen."(Bauman 1999: 190f)

oder eines Staates von den politisch-juridischen Kämpfen fernzuhalten. Es gilt beispielsweise weiterhin im Namen der Gerechtigkeit gegen den Abbau des Wohlfahrtsstaates zu agieren (vgl. Bauman 1995a: 363f).

Was eine Unterscheidung zwischen Recht und Gerechtigkeit zeigt, ist, daß man das Recht nicht einfach beiseite schieben kann, sondern daß man erkennen kann, daß das Recht nicht die Gerechtigkeit ist. Ist eine Regel ein ausreichender Garant für Gerechtigkeit? EinE RichterIn, die/ der nicht *ständig* das Recht deutet und hinterfragt, erweist sich eher als eine Rechenmaschine, aber nicht als gerecht, frei und verantwortungsbewußt. Das führt in einem nächsten Schritt zu der Erkenntnis, daß man jedes Recht permanent nach seiner Gerechtigkeit befragen sollte.[4]

Daß die Dekonstruktion stets die Befragung des Ursprungs, der Grundlagen und der Grenzen begrifflicher und normativer Diskurse, die um die Gerechtigkeit kreisen, in Atem hält, bedeutet alles mögliche, nur nicht eine Neutralisierung des Interesses an der Gerechtigkeit oder eine Unempfindlichkeit gegenüber der Gerechtigkeit. In diesem Sinne schreibt Bauman: „Die die gesamte Menschheit umspannende moralische Einheit ist, wenn überhaupt, nicht als Endprodukt eines globalisierten Herrschaftsbereiches politischer Gewalt mit ethischen Ambitionen denkbar, sondern als utopischer Horizont der Dekonstruktion [...]."(Bauman 1995a: 29)

Eine weitere Unterscheidung zu einem modernen Weg, der zu Idealen wie Gerechtigkeit und Menschenrechte gelangen will, läßt sich an der Gegenüberstellung folgender Fragestellungen erkennen: Müssen erst Rechte und Normen gesetzt werden, die dann in einem weiteren Schritt Moralität erzeugen oder ergeben sich diese Ideale aus der Objektivierung der intersubjektiven Begegnung mit dem anderen Men-

[4] „Jedes Vorstoßen der Politisierung zwingt uns dazu, die Grundlagen des Rechts, die aus einer schon erfolgten Berechnung und Abgrenzung resultieren, erneut in Erwägung zu ziehen und folglich neu zu deuten. So hat es sich zum Beispiel bei der Erklärung der Menschenrechte zugetragen, bei der Abschaffung der Sklaverei, im Zuge all jener Befreiungskämpfe, die statthaben und weiterhin statthaben werden, überall in der Welt, im Namen der Frauen und der Männer. Nichts scheint mir weniger veraltet zu sein als das klassische emanzipatorische Ideal."(Derrida 1991: 58)

schen?[5] Bauman vertritt die letztere Ansicht, die er in Opposition zu einer modernen Sichtweise setzt (vgl. Bauman 1999: 84ff). Die Idee der Gerechtigkeit entsteht dann in dem Hinzukommen des/ der Dritten. Die absolute Verschiedenheit der Menschen erlaubt es *mir*, nicht den/ die DritteN zu vergessen, der „mich" aus der Nähe des anderen Menschen entreißt. Der/ die Dritte, der/ die anders ist als meinE NächsteR, ist auch meinE NächsteR. Und er/ sie ist auch der/ die Nächste meines Nächsten. „Doch die Ordnung der Gerechtigkeit der füreinander verantwortlichen Einzelnen entsteht nicht, um zwischen dem Ich und dem Anderen diese Austauschbarkeit (Reziprozität) wiederherzustellen, sie entsteht aus dem Vorhandensein eines Dritten, der neben demjenigen, der für mich der Andere ist, für mich ‚noch ein Anderer' ist."(Lévinas 1995: 272)

In keiner Weise ist die Gerechtigkeit eine Abschwächung oder Verkleinerung des Für-Seins oder eine Neutralisierung der Unendlichkeit des anderen Menschen. Sie ist kein berechenbares Recht oder eine Regel, sondern Gerechtigkeit ist Ereignis. Gerechtigkeit gibt es nur dann, wenn sich etwas ereignen kann, was als Ereignis die Berechnungen und die Regeln übersteigt. „Doch die Gleichzeitgkeit der Vielen baut sich auf um die Dia-chronie von Zweien: Die Gerechtigkeit bleibt Gerechtigkeit nur in einer Gesellschaft, in der zwischen Nahen und Fernen nicht unterschieden wird, in der es aber auch unmöglich bleibt, am Nächsten vorbeizugehen; in der die Gleichheit aller getragen ist von meiner Ungleichheit [...]. Die Selbstvergessenheit bewegt die Gerechtigkeit."(Lévinas 1991: 347)

Damit die Gerechtigkeit aber auch *berechtigt* ist, muß sie die Bedeutung (das Ereignis des Fürseins) mit einschließen und sich durch dieses Ereignis ständig befragen lassen, von dem sie einst diktiert wurde. Gerechtigkeit gegenüber einem anderen Dasein nicht aus Befolgung von Regeln, sondern „die Gerechtigkeit geht aus der Liebe hervor."(Lévinas 1995: 137)

[5] So schreibt beispielsweise Emmanuel Lévinas bezüglich der Menschenrechte: „Als Bezug des menschlichen Rechtes auf den Staat und auf die Logik des Allgemeinen und des Besonderen ist das Menschenrecht zweifellos die unumgängliche Ordnung für die Humanisierung des Einzelnen, für Gerechtigkeit und Frieden. Ist dort aber auch mit gleichem Recht der Moment des Ursprungs jener Humanisierung des Einzelnen? Muß dessen politisches Schicksal, wenn es sich im Frieden für den Besonderen (abgesondert Lebenden) setzt und zur Ruhe setzt, sich nicht einer anderen Verleihung von Recht und einer älteren Modalität von Frieden ersinnen?"(Lévinas 1995: 231)

Zur Frage der Menschenrechte nimmt Bauman explizit Bezug auf Jacques Derrida und schreibt:

> „In einem Interview mit Robert Maggiori für Libération vom 24. November 1994 plädierte Jacques Derrida dafür, sich nicht von der modernen Idee des Humanismus abzuwenden, sondern sie neu zu durchdenken. Das ‚Menschenrecht', wie wir es heute zu sehen beginnen und wie wir es vor allem sehen könnten und sollten, ist kein Produkt der Gesetzgebung, sondern genau das Gegenteil: es ist das, was ‚Gewalt, proklamierte Gesetze, politische Diskurse' und ‚gesetztes' Recht (ungeachtet dessen, wer das Vorrecht genießt, fordert oder usurpiert, es autoritativ ‚zu setzen') in die Schranken weist. Der Mensch der traditionellen humanistischen Philosophie einschließlich des Kantischen Subjekts ist, so Derrida, ‚immer noch zu >brüderlich<, unterschwellig männlich, familial, ethnisch, national usw.'. Hieraus folgt meiner Ansicht nach, daß die moderne Theoriebildung über das Wesen des Menschen und der Menschenrechte insofern irrte, als ihre Idee des Menschen noch immer zuviel und nicht etwa zu wenig von dem Element der Einbindung oder der Einbettung enthält; wegen dieses Fehlers – und nicht etwa, weil sie unkritisch für die homogenisierenden Bestrebungen des modernen Staates Partei ergriffen und damit der ‚einbindenden' oder ‚einbettenden' Autorität einen falschen Stellenwert zugewiesen hätten – sollte man die Theorien der Moderne einer kritischen Überprüfung und Neubewertung unterziehen."(Bauman 1999: 63f)

Der von Rommelspacher konstatierte Widerspruch würde sich demnach nur ergeben, wenn Bauman lediglich die von der Moderne vorgegebenen Bedeutungen in den Wörtern sehen und einen *modernen* Weg (jenseits der Dekonstruktion) zu den emanzipativen Zielen dieser Begriffe wählen würde. Da aber in einer modernen Auffassung dieser Begriffe viele Menschen aus ihnen ausgeschlossen wurden, müssen (und können) sie *entweder* neue Bedeutungen und Sichtweisen in den vorherrschenden Kontexten bekommen *oder* durch andere Ideale ersetzt werden. Peter Wagner schreibt in seiner „Soziologie der Moderne"(1995) dazu:

> „In einer beeindruckenden Folge von Arbeiten hat Bauman ein Bild der Moderne mit sehr scharfen Konturen gezeichnet. Die

> Konstituierung der Moderne sollte aus seiner Sicht als die monopolistische Aufzwingung eines neuen Regimes gesehen werden, das durch seinen Willen, Andersartigkeit zu identifizieren, Ordnung zu verfügen und Ambivalenz zu eliminieren, gekennzeichnet war. Der monopolistische Anspruch des modernen Staates auf das Territorium und seine Bevölkerung sind eng mit dem universellen Anspruch der Philosophie und der (Sozial-)Wissenschaften auf die Wahrheit verwandt. [. . .] Freiheit, Diversität und Relativität erstanden unter dem Zeichen der Postmoderne wieder. Die letzteren Tendenzen zieht Bauman vor, obwohl er Probleme der Fragmentierung und der Auflösung als Folge unzureichender Verständigung und eines Mangels an sozialem Konsens und Solidarität erkennt [. . .].“(Wagner 1995: 80f)

2. Dadurch, daß Bauman die Moderne monolithisch charakterisiert, so Rommelspacher, wird die Gegenseite (der Moderne) nicht sichtbar. Wogegen hatte sich die Moderne durchzusetzen?, fragt sie Bauman. Aber man findet schnell eine Antwort auf diese Frage: Eine Grundthematik der soziologischen Analysen Zygmunt Baumans ist gerade die Auslöschung von Ambivalenz, von Fremdheit, von dem/ der Anderen und des Antlitzes durch die ordnungsschaffende Moderne. Die kritische Frage von Rommelspacher, wogegen sich die Macht der Moderne durchzusetzen hatte, wird jedoch von Bauman explizit in seinen letzten Werken beantwortet.

   In „Moderne und Ambivalenz“(1995c) und „Dialektik der Ordnung“ (1992) und „Unbehagen in der Postmoderne“(1999) beschreibt er auf sehr eindrucksvolle Weise, wie sich die Moderne gegen die Ambivalenz, die Fremden, z.B. die JüdInnen, behauptete, wie sie teilweise die Antlitze der Anderen auslöschte und wie das Andere diszipliniert und ausgeschlossen wurde: Das Andere der Vernunft, das Andere des Mannes, das Andere der Norm etc.; all dies ist das Andere, gegen das sich die Moderne durchsetzt, aber auch der Ort, woher Widerstand kommt bzw. kommen könnte (vgl. Bauman 1995c: 29). Erschwert wird dieser jedoch dadurch, daß die Macht immer perfidere Gestalt annimmt (z.B. durch Expertenwissen; vgl. Bauman 1994) und ihre produktive Seite[6] zu wenig erkannt wird. Und genau diese produktive

[6] ‚Produktiv‘ wird hier im Sinne Foucaults (vgl. Foucault 1977) gebraucht und meint, daß

> Seite der Macht erkennt Rommelspacher nicht, wenn sie allein von einer Repressionshypothese aus fragt, „wogegen" sich die Macht der Moderne durchzusetzen hatte.

Auf den folgenden Seiten wird noch darauf einzugehen sein, wie das Antlitz des anderen Menschen und damit der moralische Impuls beispielsweise durch Mediatisierung des Handelns in den verschiedensten Institutionen, der Bürokratie und durch Stereotypisierung von Menschen ausgelöscht werden kann. Eine andere Art des Widerstands läge demnach darin, das Antlitz des anderen Menschen wieder offenzulegen.

Der Eindruck, Bauman fasse die Moderne monolithisch, kann dennoch leicht geweckt werden. Peter Wagner schreibt in seinem Buch „Soziologie der Moderne" (1995), Bauman betone vor allem die regulierende Strömung der Moderne (vgl. Wagner 1995: 32). Bei genauem Lesen von Baumans Werken kann man jedoch einen Gegenpart der Moderne herauslesen, den Bauman mit anderen „Postmodernen" teilt (vgl. z.B. Derrida 1995; Laclau/ Mouffe 1991):

> „Von Anfang an war und blieb der moderne Sozialismus die Gegenkultur der Moderne. Wie alle Gegenkulturen erfüllte der moderne Sozialismus im Verhältnis zur Gesellschaft, der er opponierte und diente, eine dreifache Funktion: er entlarvte den Trug, den erreichten Gesellschaftszustand als Erfüllung ihres Versprechens auszugeben; er widerstand der Verdrängung oder Verheimlichung der Möglichkeit, das Versprechen besser zu erfüllen; und er drängte die Gesellschaft in Richtung auf eine solche bessere Erfüllung ihres Potentials. [...] Die Originalität, Einzigartigkeit und Unentbehrlichkeit des Sozialismus bestand nicht in der Erfindung von Zielen und Mitteln, die sich von denen der Moderne als Ganzer unterschieden, sondern in der Förderung der Idee, daß [...] die Qualität der Gesellschaft durch die Wohlfahrt ihrer schwächsten Mitglieder gemessen werden soll."(Bauman 1995c: 320ff)

Macht nicht nur repressiv z.B. durch Verbote oder Tabus wirkt, sondern auch durch die Produktion bestimmter Diskurse und Dispositive (machtstartegische Verknüpfungen von diskursiven, nicht-diskursiven Praktiken, Wissen und Macht), die normalisieren, disziplinieren und somit ausschließende Macht ausüben.

6.2 Vom Feminismus lernen

Nun zu einem weiteren Punkt der Kritik. Bauman schreibt in seinem Buch „Postmoderne Ethik“ (1995), es sei ein politisch verhängnisvoller Fehler, wenn sozial und kulturell Marginalisierte meinen, mit den gleichen Mitteln Politik betreiben zu wollen, durch die sie aus dem gesellschaftlichen und institutionellen Diskurs ausgeschlossen werden.

> „Diese katastrophale Neigung wird vertrackterweise noch durch den allgemeinen Glauben befördert, es bedürfe noch mehr Modernität, um die Wunden – geschlagen von der Moderne – zu heilen. [...] Ist erst einmal die Verbindung zwischen der privilegierten Position und bestimmten Werten sozial hergestellt, sind die Unterprivilegierten gezwungen, nach Wiedergutmachung für ihre Erniedrigung durch das Einfordern dieser Werte für sich selbst zu streben – um dadurch die verführerische Macht jener Werte weiter zu vergrößern und den Glauben an ihre Zauberkräfte zu stärken.“(Bauman 1995a: 322f)

Die Gefahr besteht also darin, die herrschende Ordnung und die hegemoniellen Ideen fortzuschrieben und als Mittel in politischen Auseinandersetzungen zu verwenden.

Auch wenn Rommelspacher sich bewußt ist, daß z.B. eine Verabsolutierung sozialer Kategorien zu Autoritarismus führen kann, so gehe es doch nicht an, „diese Extreme mit dem Anliegen selbst gleichzusetzen.“(Rommelspacher 1997: 261) Außerdem sei in der feministischen Diskussion schon vielfach thematisiert worden, daß es sehr große Differenzen auch unter Frauen gebe und somit – wenigstens im Feminismus – die soziale Kategorie Frau nicht verabsolutiert werde.

An dieser Stelle ist Rommelspachers Kritik überaus nützlich. Es ist wirklich fraglich, warum Bauman nicht auf bestimmte Argumentationen der aktuellen feministischen Debatte eingeht, würden sie für seine identitätskritischen Analysen doch sogar sehr hilfreich sein. Stattdessen richtet sich seine Kritik hauptsächlich gegen gemeinschaftliche und nationalstaatliche Kollektividentitäten (vgl. Bauman 1995a: 348f; ders. 1999: 334). Bauman könnte die Kritik von Rommelspacher aufnehmen und mit Hilfe der feministischen Theorie Judith Butlers argumentieren, daß mit der Anerkennung von Differenz zwischen den Frauen noch nicht die politische, soziale und patriarchale Konstruktion der Subjektposition Frau aufgedeckt ist. Feministische Theorien à la Butler richten zunehmend ihr Augenmerk darauf, wie

Subjekte ein Ausdruck und Produkt bestimmter phallogozentrischer und heterosexistischer (Macht)Techniken des Ausschlusses und einer „subjektivierenden Unterwerfung“ (vgl. Foucaults Begriff des *assujetissement*, 1966) sind (vgl. Butler 1997). Butler will die Kategorie des Subjekts ebenso dekonstruieren wie die Konzepte Frau und biologisches Geschlecht, um sichtbar zu machen, daß sie als Instrumente im Dienst einer Unterdrückungmacht eingesetzt wurden. Mit Hilfe dieses Ansatzes wäre Bauman in der Lage, zu beweisen, wie die Moralität des Angesicht–zu-Angesicht gerade durch festgelegte und naturalisierte Subjekt- und Identitätspositionen zerstört wird.

Worauf Rommelspacher aber nicht eingeht, ist, daß der Weg zu den politischen Zielen auch mit anderen Mitteln beschritten werden kann. Dies würde beispielsweise im Kampf gegen den Phallogozentrismus bedeuten, nicht nur die Differenz zwischen Frauen zu sehen, sondern die Identitätskategorie „Frau“ als „notwendigen Irrtum“ aufzufassen, Identitätspolitik zu einem gewissen Teil aufzugeben und zu erkennen, daß eine Konstruktion eines Subjekts mit bestimmten Legitimations- und Ausschlußzielen verbunden ist;

> „diese politischen Verfahrensweisen werden aber durch eine Analyse, die sie auf Rechtstrukturen zurückführt, wirksam verdeckt und gleichsam naturalisiert, d.h. als ‚natürlich‘ hingestellt. Unweigerlich ‚produziert‘ die Rechtsgewalt, was sie (nur) zu repräsentieren vorgibt. Demnach muß es der Politik um die Doppelfunktion der Macht gehen, nämlich um die juristische und produktive.“(Butler 1991: 17)

Dies hieße auch zu versuchen, einem gewissen Fatalismus zu widerstehen, der sich in Rommelspachers Aussage: „Wir können nicht aus der Bestimmtheit sozialer Konstruktionen herausspringen“ ausdrückt (Rommelspacher 1997: 261). Denn man ist zwar durch Diskurse konstituiert, aber nicht determiniert. Gerade der konstruktive Charakter der Konstituiertheit bedeutet nichts Festes, Unveränderliches oder Substantielles, sondern hält die Möglichkeit zu entscheidenden Veränderungen der Konstruktionen bereit.

Der Anerkennung der von Bauman und Lévinas postulierten absoluten Andersheit und Nicht- Identität (vgl. Lévinas 1989: 85ff) würde mehr Rechnung getragen und mehr lebensweltliche Verwirklichung zuteil werden, wenn Identitäten – wie z.B. sexuierte und vergeschlechtlichte Identitätspositionen – als soziale und politische Konstruktionen entlarvt werden würden. Politisch hieße dies, zu begreifen, wie identitätsverheißende Kategorien, sexuellen Positionierungen bzw. Subjektpositionen gerade durch jene Macht- und Ausschlußpraktiken hervorgebracht und eingeschränkt werden, mittels derer das Ziel der Emanzipation erreicht werden soll. Während identitätspolitische Theorien zu der Annahme tendieren, daß zuerst ein Subjekt bzw. eine (naturalisierte) Identität existieren muß, damit die politischen Interessen ausgearbeitet werden können und dann das politische Handeln einsetzen kann, kann – in Bezug auf Judith Butler – behauptet werden, daß kein Selbst vor der Bezeichnung existiert, daß es keinen „'Täter hinter der Tat gibt', sondern daß der Täter in unbeständiger Form erst in und durch die Tat hervorgebracht wird."(Butler 1991: 209) Mit anderen Worten: es gibt nicht zuerst ein Subjekt und dann Handeln, Diskurse, Politik, sondern das Subjekt ist selbst (politisch) konstruiert, die Konstituierung einer Identität[7]

[7]Dabei kann Identität als das mit unterschiedlichen Graden der Bewußtheit und Gefühlsbeladenheit verbundene Selbstverständnis von Personen im Hinblick auf die eigene Individualität, Lebenssituation und soziale Zugehörigkeit verstanden werden. Identität ist aber dabei nichts gegebenes oder lineares, sondern ist immer prozeßhaft und diskursiven als auch nicht-diskursiven Praktiken ausgesetzt, wie die Psychoanalyse von Jacques Lacan als auch der Poststrukturalismus von Derrida zeigen (vgl. Derrida 1986 und Pagel 1991). Jacques Lacan weist sehr anschaulich und mit Hilfe psychoanalytischer (zurückzuführen auf Freud) und linguistischer (besonders von de Saussure) Methoden auf, daß Identitäten oder angebliche, essentialistisch anmutende Wesenskerne konstruiert sind und selbst noch das Unbewußte sprachlich organisiert ist. Lacan betont, daß das Subjekt sich keinesfalls auf eine lineare Genese von Identität und Bewußtsein reduzieren läßt und dezentriert damit das Subjekt und seine Geschichtlichkeit. Damit erlangt Lacans poststrukturalistische Sichtweise gesellschaftspolitische Relevanz. Denn sie stellt die Möglichkeit bereit, die Wirkungsweisen identitätsverheißender Formationen zu entlarven. Deren Effekt beruht demnach darauf, daß sie dem Subjekt ein Zentrum (Idee, Identitätskategorie etc.) bereitstellen, mit dem sich das Subjekt identifizieren kann. Durch die Auszeichnung von Geschlossenheit und Verharmlosung von Widersprüchlichkeiten verheißen diese Identitätsformationen Sinnstiftung und Kontinuität. „Was bereits Freud in seiner Schrift 'Massenpsychologie und Ich-Analyse' ausarbeitete, gilt nicht weniger für die Massenformationen unserer Zeit. Nicht ohne Grund ist das in der technisch hochentwickelten Gesellschaft lebende Subjekt auf der ständigen Suche nach Einheit und Ganzheit, unterliegt es doch einer Isolisierung und Atomisierung, die bedingt, daß es verschiedene Identitäten lebt. Zum anderen erfordert der Gesellschaftskodex, daß es sich nicht nur als Zentrum seiner Willensentscheidungen zu denken hat, sondern, daß es auch als selbstverantwortliches Individuum entsprechend handeln muß. Die reale Zerrissenheit kaschierend, tendiert das Subjekt zunehmend dazu, sich auf der Ebene des Imaginären zu situieren, um sich qua kollektiver Identifikation [...] zu stabilisieren [...]. Zutiefst erkannte Freud den Preis, den das Subjekt dafür zu entrichten hat: Es ersetzt sein <Ich-Ideal> – jene kritische Instanz, die über Funktionen der Selbstbeobachtung und des Gewissens wacht – durch ein <idealisiertes Objekt>, dem es sich in kritikloser Zuwendung <selbstlos> unterwirft. Lacan entlarvt den Ausschlußmechanismus dieses Pakts: Das

ist ein politischer Akt an sich.

> „Identität kann trügerisch sein oder vermeintlich; ob jedoch wirklich oder phantasiert, immer ist sie *zugeschrieben*."(Bauman 1995a: 139)

Und:

> „Unter staatlicher Regie hatten Identitäten das Ergebnis eines geplanten, gelenkten, ‚rationalen' Eingriffes zu sein. Die Vermittlung von Meinungen, Einstellungen und Verhaltensmustern mußte als *Erziehung* (und allgemeiner *Kultur*) problematisiert, strukturiert und von staatlich ernannten und ermächtigten Experten durchgeführt werden."(Bauman 1994: 151)

Die Kritik, daß eine Dekonstruktion des Subjekts die Voraussetzung politischer Handlungsfähigkeit zerstöre, „trifft nur dann zu, wenn Politik einzig in der Form von Identitätspolitik vorgestellt wird."(Braun 1995: 113). Daß und wie eine Politik mit Hilfe der Dekonstruktion aussehen könnte, kann hier leider nicht in der gewünschten Weise besprochen werden, dies würde den Rahmen dieses Essays sprengen.[8] Auf diesen Essay wird eine andere erörternde Studie folgen, die der Frage nach dem politischen Ereignis in Bezug auf poststrukturalistische Sozialtheorien und Lèvinas/Derrida nachspürt.[9]

Zusammenfassend gesagt, kritisiert Bauman nicht das Anliegen derer, die aus der sozialen Marginalisierung heraustreten wollen, sondern die (vorgegebenen) Mittel, die sie verwenden. „Es sind nicht nur die Privilegierten, die den Bedarf an mehr Moderne zur Heilung der Krankheiten der Moderne predigen; insgesamt stimmen auch die Unterprivilegierten mit Enthusiasmus und Hingabe zu. Sie verlangen neu gemischte Karten, nicht ein anderes Spiel; sie kritisieren nicht das Spiel, nur das bessere Blatt des Gegenübers."(Bauman 1995a: 323)

---

nach Einssein mit seinem scheinbaren Selbstbild strebende Subjekt verschreibt sich nicht nur dem Zwang, beständig die Flamme seiner Faszination zu entfachen, sondern auch alles Identitätsbedrohende von dieser Faszination fernzuhalten. Da, wo das <Ich> sich selbst zu finden glaubt, hat das <Du> im Sinne des nicht Dazugehörenden Anderen keinen Platz mehr."(Pagel 1991: 36f)

[8] Es sei jedoch auf das Buch „Haß spricht. Zur Politik des Performativen"(1998) von Judith Butler verwiesen sowie auf die große Bereicherung für eine Politik der Linken, wie sie Ernesto Laclau und Chantal Mouffe in „Hegemonie und radikale Demokratie"(1991) skizziert haben.

[9] Der Titel dieser Studie wird lauten: Die soziale Konstitutierung des Anderen.

Und Bauman stellt sich mit seiner Kritik an zugeschriebener und kohärenter Identität auf die Seite gewisser sozialer Kämpfe, die dadurch charakterisiert sind, daß sie „den Status des Individuums in Frage stellen: Einerseits behaupten sie das Recht, anders zu sein, und unterstreichen all das, was das Individuum wirklich individuell macht. Andererseits bekämpfen sie all das, was das Individuum absondert, seine Verbindungen zu anderen abschneidet, das Gemeinschaftsleben spaltet, das Individuum auf sich selbst zurückwirft und zwanghaft an seine Identität fesselt.“(Foucault 1987: 246)

In diese Charakterisierung des ‚Regierens durch Individualisieren‘ wäre auch der feministische Versuch einzureihen, die Bindung von Frauen an ihre weibliche Identität aufzulösen.

Warum Bauman allerdings den aktuellen feministischen Diskurs und dessen Bemühungen, andere Wege zu beschreiten, nicht aufgreift, bleibt fraglich. Rommelspachers Kritik ist berechtigt, wenn sie Bauman vorwirft, die feministische Diskussion nicht zur Kenntnis genommen zu haben. Dort wird ja gerade darüber gestritten, soziale Kategorien und Identitäten als sozio-kulturelle Konstruktionen und hegemoniale Zuschreibungen aufzufassen und somit nicht extremen Auffassungen homogener oder naturalisierter Identitäten zu verfallen.

6.3 „Moral der Fürsorge“ (Gilligan) vs. „Postmoderne Ethik“?

Warum nimmt Bauman die derzeitige theoretische Ethik-Debatte des Feminismus nicht in seinem Werk auf? Gerade ein Buch, das sich „Postmoderne Ethik“ nennt, sollte auch diese aktuellen Diskussionen – jenseits der KommunitaristInnen und Liberalen – anführen. So kritisiert Rommelspacher zu Recht, Bauman nehme die theoretische Kontroverse über die zwei Moralen der Fürsorge und der Gerechtigkeit nicht zur Kenntnis (vgl. Rommelspacher 1997: 262).

Bevor auf diesen berechtigten Einwand Rommelspachers näher eingegangen wird, soll die Debatte über die zwei Moralen in Kürze nachskizziert werden, damit sich ein detailliertes Bild darüber gemacht werden kann, um was es in dieser wichtigen Auseinandersetzung geht:[10]

[10] Hier sei auch an die ausführliche Diskussion der Fürsorgemoral in folgenden Büchern verwiesen: Seyla Benhabib, 1992: 192-220; Rosemarie Tong, 1995: 161-168.

Eine binäre Logik, die in verschiedenen kognitiven Wahrnehmungsschemata am Werke ist (z.B. Kultur/ Natur, Innen/ Außen, Mann/ Frau etc.), wiederholt sich auf der Ebene des praktischen und moralischen Handelns in der Annahme von zwei geschlechtsspezifischen Moralitäten, denen zwei ungleichwertige ethische Prinzipien als Basis zugrundeliegen: das in der aktuellen Gesellschaft für höherrangig angesehene männliche Prinzip der Gerechtigkeit und das geringer eingeschätzte weibliche Prinzip der Fürsorge.

Der Auslöser für die Kontroverse um diese zwei Typen von Moral war das von Jean Piaget und Lawrence Kohlberg – zwei führende Vertreter der Entwicklungspsychologie – konzipierte Stufenmodell der moralischen Entwicklung. Die Debatte gegen diese Konzeption moralischer Entwicklung führte vor allem die amerikanische Psychologin Carol Gilligan, die den Einwand erhob, daß die als universal gültig ausgegebenen Ergebnisse von Piagets und Kohlbergs Analysen sich ausschließlich auf Erfahrungen männlicher Testpersonen stützen und die Auswertungen dieser Erfahrungen nur von Männern vorgenommen wurden.

> „Während in Piagets Darstellung [...] der moralischen Urteilsfähigkeit des Kindes die Mädchen eine Fußnote bilden – eine Kuriosität, der er vier kurze Bemerkungen in einem Index gönnt, in dem ‚Jungen‘ überhaupt nicht vorkommen, weil ‚das Kind‘ automatisch ein Knabe ist – , existieren in den Forschungen, von denen Kohlberg seine Theorie ableitet, die Frauen von vornherein nicht.“(Gilligan 1990: 28f)

Carol Gilligan führte selbst einige Untersuchungen durch, die sich auf moralische Konfliktsituationen bezogen, und sie fand heraus, daß Frauen hinsichtlich Moralität keineswegs hinter den Männern zurückbleiben, sondern wegen ihrer unterschiedlich sozial definierten Rolle ein anderes Verständnis von Moral entwickeln, die nicht weniger konsistent ist als die Moralvorstellungen der Männer.

Aus dieser Sichtweise plädiert sie in ihrem Buch „In a Different Voice“(1982) für zwei gleichberechtigte unterschiedliche Moralauffassungen: eine männliche Gerechtigkeitsmoral und eine weibliche Fürsorgemoral, die sich als normative Handlungsorientierungen einander ergänzen.

Daß diese Ergänzung jedoch in der lebensweltlichen und gesamtgesellschaftlichen Realität noch nicht existiert, darüber ist sich Gilligan sehr wohl bewußt. Noch immer wird die Gerechtigkeitsperspektive im Hinblick auf Konfliktsituationen als der überlegene Standpunkt ausgezeichnet, da Männer in der Regel ein Prinzip autonomer Individualität bevorzugen und das von Frauen favorisierte und befolgte Prinzip der Fürsorge als schwächer und unmännlich einschätzen, so Gilligan.[11]

Gilligans strategischer Einsatz bestand nun darin, aufzuweisen, daß die moralische Entwicklung von Frauen keineswegs qualitativ hinter der der Männer zurückbleibt, sondern eine eigene Logik und Qualität in sich birgt: „Wenn man einmal davon ausgeht, daß es (mindestens) zwei gleichberechtigte moralische Perspektiven gibt, aus denen Handlungs- und Normenkonflikte verschieden beurteilt werden, dann werden alle Testergebnisse hinfällig, die die moralische Reife von Mädchen und Frauen an einer aus dem männlichen Regelverständnis eruierten Wertskala ablesen."(Pieper 1998: 95)

Gilligan vernahm im Laufe ihrer Untersuchungen die *andere Stimme*, die von ihren männlichen Kollegen überhört wurde. Dabei fiel ihr auf, daß Frauen hauptsächlich aus der Perspektive der Fürsorge und nicht so sehr aus der der Gerechtigkeit urteilten.

Wichtig ist jedoch, daß Gilligan die beiden moralischen Handlungsmuster nicht gegeneinander ausspielen will, um eine bloße Umkehrung vom Gerechtigkeitsprinzip zum Fürsorgeprinzip zu schaffen. Vielmehr stellen für sie Gerechtigkeit und Fürsorge zwei komplementäre Moralprinzipien dar, die sich notwendigerweise ergänzen. Dabei ist entscheidend, daß auf beiden Seiten eine Bereitschaft besteht, die moralische Perspektive der/ des Anderen nicht gleich als minderwertig dequalifizieren. Wie allerdings im Konfliktfall ein Konsens erzielt werden kann oder ob ein *Widerstreit*[12] zwischen

[11] Hier wäre vielleicht eine Analyse interessant, die den Begriff der kommunikativen Vernunft von Habermas auf einen unterschwelligen Phallogozentrismus hin überprüfen würde. Denn ein universalpragmatischer Einsatz der Vernunft, sei sie auch verständigungsorientiert, ist mir suspekt.

[12] „Der Widerstreit ist der instabile Zustand und Moment der Sprache, in dem etwas, das in Sätze gebracht werden können muß, noch darauf wartet. Dieser Zustand enthält das Schweigen als einen negativen Satz, aber er appelliert auch an prinzipiell mögliche Sätze. Was diesen Zustand anzeigt, nennt man normalerweise Gefühl. ‚Man findet keine Worte' usw. Es bedarf einer angestrengten Suche, um die neuen Formations- und Verkettungsregeln für die Sätze aufzuspüren, die dem Widerstreit, der sich im Gefühl zu erkennen gibt, Ausdruck verleihen können, wenn man vermeiden will, daß dieser Widerstreit sogleich von einem Rechtstreit erstickt wird und der Alarmruf des Gefühls nutzlos war."(Lyotard 1987: Aphorismus 22) Bauman schreibt dazu: „Die Stimme des Gewissens – die Stimme der Verantwortung – bleibt weiterhin nur in der Disharmonie unkoordinierter Melodien hörbar. Konsens und Einmütigkeit verheißen Friedhofsruhe (auch Habermas' perfekte Kommunikation, die ihre eigene Vollkommenheit am Konsens und am Ausschluß jeder abweichenden Meinung bemißt, steht für solch einen tödlichen Traum, der die Übel eines Lebens der Freiheit auf

den unterschiedlichen Diskursarten das alltägliche Miteinander regelt, sagt Gilligan nicht.

Aber warum tendieren Männer eher zu einem Gerechtigkeitsprinzip und Frauen zu einem Prinzip der Fürsorge? Zur Beantwortung dieser Frage greift Gilligan auf Untersuchungen von Leo Vigotsky und Nancy Chodorow zurück, die überwiegend die geschlechtsspezifische Sozialisation für die Neigung zu einem dieser Prinzipien verantwortlich machen.

Die Perspektive der Fürsorglichkeitsmoral blieb jedoch in der scientific community der feministischen Theorie nicht unhinterfragt. Unterschiedliche kritische Einwände wurden dagegen vorgebracht, die nicht unerwähnt bleiben sollen. Sie helfen, sowohl Gilligans Position ein wenig zu differenzieren, als auch die Perspektive von Rommelspacher aus einem anderen Blickwinkel zu betrachten.

Insbesondere Sarah Lucia Hoagland weist „darauf hin, daß das Subjekt männlicher Vorstellungen ethischen Handelns ‚isoliert, egoistisch, von Konkurrenzdenken geprägt und antagonistisch‘ sei, während Altruismus seit jeher als eine weibliche Tugend gilt“(Pieper 1998: 108), so daß die weibliche Fürsorglichkeit wiederum die alten „Schubladen“ und Rollenklischees bestätigt. Hoagland stellt „mütterliches Verhalten als Modell weiblichen Handelns ebenso in Frage wie das männliche, egoistische Modell.“(Hoagland 1993: 174) Beide sind nur die zwei Seiten derselben androzentrischen Medaille, in der die weibliche „Sorge“ eine patriarchale Projektion von Weiblichkeit ist.

Ebenso hört Marilyn Friedman aus der traditionalen Fürsorglichkeitsmoral die androzentrische Standardstimme heraus und plädiert für eine Überwindung der Dichotomie der beiden Moralkonzeptionen:

> „Unser Ziel würde es sein, zu einem Zeitpunkt ‚jenseits von Fürsorglichkeit‘ zu gelangen, das heißt, jenseits von Fürsorglichkeit allein, unabhängig von einem Anspruch auf Gerechtigkeit. Darüber hinaus wäre es auch wünschenswert, über die Geschlechterstereotypen hinauszugehen, welche Frauen und Männern deutlich ausgeprägte und unterschiedliche moralische Rollen zuweisen. Unser höchstes Ziel sollte in der Schaffung eines geschlechtsunabhängigen, nicht-dichotomisierten, moralischen Rahmens bestehen, innerhalb dessen sämtliche moralische Überlegungen zum Ausdruck gebracht werden könnten.“(Friedman 1993: 255)

radikale Weise kuriert). Auf dem Friedhof des allgemeinen Konsenses hauchen Verantwortlichkeit und Freiheit sowie das Individuum ihren letzten Seufzer aus.“(Bauman 1999: 358)

Wenn eine dualistische Strukturierung von Moralität – einerseits Fürsorge, andererseits Gerechtigkeit – überwunden werden muß, wie soll es dann jenseits der Dichotomisierung weitergehen?

Friedman will den Weg für eine neue Moral vorbereiten, in welcher weder sogenannte männliche noch weibliche Denk- und Handlungsmuster zur allgemeinen Regel erhoben werden – eine Moral jenseits des vergeschlechtlichten Seins.

> „Es versteht sich von selbst, daß nicht nur Weiblichkeit, sondern auch Männlichkeit durch den Zwang des Zitierens bestimmter Normen, die auf den weißen, heterosexuellen, autonomen Mann zugeschnitten sind, erzeugt wird. Über der auf diese Weise festgeschriebenen Dualität der Geschlechter wird vergessen, daß ursprünglich einmal der männliche Wille die normengenerierende Instanz war und entsprechend die Geschlechterdifferenz ein Konstrukt dieses Willens ist."(Pieper 1998: 86)

Dies würde bedeuten, die binären Strukturen und Machtpraktiken, nach denen die Individuen als zweigeschlechtliche Wesen konstruiert werden, offenzulegen und sie zu dekonstruieren. Hinzu käme noch eine völlige Neuordnung nicht nur kognitiver und symbolischer Ordnungsschemata, sondern auch Neukonzeptionalisierungen von der Verteilung materieller Güter, was soviel bedeutet wie z.B. eine wesentliche Veränderung sozialstaatlicher Leistungen unabhängig von Familie oder Geschlecht, also eine Existenzsicherung, die unabhängig von sozio-kulturell konstruierten Kategorien als auch Leistungen wäre. Dies wäre aber nur ein Anfang.[13]

Vor bzw. während des Prozesses einer Dekonstruktion müßte den lebensweltlichen Realitäten Rechnung getragen werden, was im Bereich der Ethik bedeuten könnte, eine Ethik der geschlechtspezifischen Moral à la Gilligan zu favorisieren. Die Gefahren – z.B. einer Neueinschreibung der Geschlechterdichotomie – dürfen dabei auf keinen Fall übersehen werden.

In Bezug auf die Auseinandersetzung mit Bauman's „Postmoderner Ethik" bedeutet das nun folgendes:

[13] Gerade der konservativ-korporatistischer Wohlfahrtsstaat macht materielle Leistungen noch immer von sozialen Kategorien abhängig. Viele diskriminierende Muster und Mechanismen des 19. Jahrhunderts sind bis heute in der Sozialpolitik erhalten geblieben. Vgl. dazu Ina Stelljes, 1996, Patterns of Discrimination. Are women as marginal to social welfare in the late 20th century as they were in the mid 19th century? University College Dublin

1. Rommelspachers Kritik, Bauman vernachlässige die feministische Ethik-Debatte, muß zugestimmt werden. Gerade die Betonung der Nicht-Reziprozität und Asymmetrie in Baumans Moral-Konzeption, als ein entscheidendes Kriterium von Moralität überhaupt, sowie der Aspekt der eigentlichen Sorge für den anderen Menschen, könnte durch die feministische Perspektive der Fürsorglichkeit noch verstärkt und verdeutlicht werden; insbesondere aus der Sichtweise, daß Fürsorge „der Tauschlogik direkt entgegengesetzt ist."(Rommelspacher 1997: 262) Selbst Lévinas geht auf den Fürsorgeaspekt als ein Topos von Moralität ein (vgl. Lévinas 1986: 49ff; 1989b: 56ff).

2. Bauman sollte auf die gesellschaftliche Realität, die immer noch zweigeschlechtlich und patriarchal strukturiert ist, in der Art und Weise eingehen, die verschiedenen Prinzipien, die weiblichen bzw. männlichen Handlungsmustern – nach Gilligan – zugrunde liegen, näher zu diskutieren und in seinen Argumentationsstrang einzuordnen.

Es kann allerdings bezweifelt werden, daß Bauman weit „hinter die theoretische Diskussion [zurückfällt]"(Rommelspacher 1997: 262), die die Debatte über die zwei Moralen darstellt:

1. Die Konzeption von Moralität, wie sie Lévinas und Bauman darlegen, kann als eine Ethik verstanden werden, die genau die obige Forderung von Marilyn Friedman enthält, nämlich über die Geschlechterstereotypisierung und –Dichotomisierung hinauszugehen. Eine Dekonstruktion der Geschlechter würde den Weg dazu bahnen, die/ den AndereN als absolut AndereN zu begegnen und ihr/ sein Antlitz nicht hinter einer Geschlechterstereotype bzw. Identitätsposition zu verbergen. Die Idee der absoluten Andersheit sollte wörtlich genommen werden, so daß jedeR jenseits des (vergeschlechtlichten) Seins des/ der Anderen ist, egal welcher sozio-kulturell konstruierten Kategorie er/ sie angehört.

2. Die Aufgabe der Dekonstruktion fällt nicht hinter die theoretische Diskussion der zwei geschlechtsspezifischen Moralprinzipien zurück, sondern solch eine Dekonstruktion steht noch aus, bleibt im Kommen.[14]

[14]Denn „Derridas Kritik, die die Zeit von ihrer Unterordnung unter die Gegenwart befreit,

6.4 Sind wir jenseitige Monaden?

Im folgenden soll sich der Kritik an Bauman genähert werden, die unmittelbar sein Verständnis von Moral betrifft. Rommelspacher greift dabei den Begriff der „Einmaligkeit' auf, der in Baumans (und eigentlich zuvor in Lévinas') Konzeption die Verantwortung, die sich einzig und allein durch mich ereignet, umschreibt.

Rommelspacher schreibt:

> „Die Einmaligkeit eines Menschen ist nicht eine vorgesellschaftliche, sondern hängt mit seiner Gesellschaftlichkeit unmittelbar zusammen. Der Mensch ist nicht eine jenseitige Monade, sondern seine Einmaligkeit ergibt sich eher aus dem je einmaligen Schnittpunkt verschiedener gesellschaftlicher Positionierungen – und insofern sind Menschen sowohl vergleichbar als auch verschieden."(Rommelspacher 263)

In einem der vorigen Kapitel wurde die Philosophie von Emmanuel Lévinas genauer besprochen und dargelegt, daß Zygmunt Bauman diese Sichtweise von Moralität in seinen Werken explizit aufnimmt (vgl. Bauman 1999, 1995a, b, c). Es wurde dort die Frage aufgeworfen, ob der Mensch aber nicht allein schon mit den anderen Menschen gattungsmäßig gleichartig ist. Darauf gab es folgende Antwort: der Mensch kann sich zwar als gleichartiges Seiendes fühlen, aber dennoch ist jedes Da- Sein absolut anders ist.

Die Vergleichbarkeit kommt erst in einem nächsten Schritt, wenn der/ die Andere objektiviert wird. Dann folgt „die Stunde der unerbittlichen Justiz, die aber doch von der Nächstenliebe gefordert wird. Die Stunde der Gerechtigkeit (der Justiz), des Vergleichens des Nichtvergleichbaren, die sich in menschlichen Arten und der Gattung Mensch ‚versammeln'".(Lévinas 1995: 272)

> „Ich bin für den Anderen nicht deswegen verantwortlich, weil wir zur selben *Gattung* gehören. Das wäre noch eine Weise von Identität, die die Andersheit des Anderen aufhebt: er wäre im Grunde ein *alter ego*,

---

die Vergangenheit und Zukunft nicht mehr als Modi, Modifikationen oder Modulationen der Präsenz begreift, die mit einem Denken, das über Zeichen und Bezeichnetes reflektiert, Schluß macht, denkt Bergsons Kritik des Seins und Kants Kritik der Metaphysik zu Ende. Durch diese Dekonstruktion der Präsenz verliert das Selbstzeugnis des Bewußtseins seinen cartesianischen Rang."(Lévinas 1988: 73)

> eine bloße Erweiterung meiner selbst. Ich wäre in diesem Fall nur deswegen für ihn verantwortlich, weil er auch für mich verantwortlich ist. Die ethische Beziehung zum Anderen ist aber wesenhaft asymmetrisch."(Wenzler 1989: XII)

Die fundamentale Ungleichheit der Beziehung zwischen Ich und Du hat ihre Ursache ebenso in der Ungleichzeitigkeit der Präsenz von beider, d.h. in der Nicht- Übereinstimmung, in der *Dia*chronie der Zeit. In dieser Sichtweise ist die Zeit nicht das Faktum eines einsamen Subjekts, sondern das Verhältnis des Subjekts zu einem anderen Menschen, als von sich aus Unangleichbares, absolut Anderes. Und es gehört zu einem Begriff einer solchen diachronen Zeitlichkeit, daß sie nur gedacht werden kann im Gegensatz zu einer synchronen Zeitlichkeit: Diachronie als Ereignis in der Synchronie und als deren Aufbrechen (vgl. Lévinas 1989b: 85). Ein Aufbruch zu einem anderen Dasein, ein Sich-vom-Sein-Lösen, Übergang in die Zeit des/ der Anderen, dies ist auch ein „Sein für eine Zeit, die ohne mich ist, für eine Zeit nach meiner Zeit, jenseits des berühmten ‚Seins zum Tode' – das ist [...] der Übergang in die Zeit des Anderen. [...] Sein zum Tode, um zu sein für das, was nach mir ist."(Lévinas 1989: 35)

Daran schließt sich die Frage an, warum Rommelspacher eine „vorgesellschaftliche, jenseitige Monade" in der Beschreibung des Menschen bei Bauman konstatiert?

Die Einmaligkeit und Einzigkeit findet das Ich doch erst durch Beziehung zu dem anderen Menschen, so Lévinas.[15] Das Subjekt ist demnach keine Leibniz'sche, „fensterlose" Monade, sondern es „empfängt seine Identität, seine Einmaligkeit, durch das ethische Verhältnis" (Wenzler 1989b: 82) und ist durch seine Offenheit für den/ die AndereN geprägt.[16] Erst durch den

[15] „Der Andere mit seiner Bitte, die ein Befehl ist, der Andere als Antlitz, der Andere, der mich angeht (*me regarde*: mich an*sieht*), auch wenn er mich nicht ansieht, der Andere als Nächster und immer Fremder – Güte als Über-sich-hinausgehen, als Transzendenz; und ich, der gehalten ist, für ihn geradezustehen, der Unersetzliche und somit Erwählte und somit im wahrsten Sinne Einzige. Güte für den erstbesten, Menschenrecht: Recht vor allem des anderen Menschen."(Lévinas 1995: 255)

[16] „Man kann, um für die Bestreitung der Intentionalität als Letztzusammenhang eine passende Bezeichnung zu verwenden, bei Lévinas von einer anti-monadischen Subjektivität sprechen. Für Lévinas läuft der Sokratismus auf eine ‚monadische' Subjektivität hinaus. Unter einer ‚monadischen' Subjektivität ist in einem starken Sinn ein Individuum zu verstehen, das als vollständiger Begriff wirklich existiert, d.h. als Konjunktion aller einem Individuum zukommenden Prädikate. Ein so vorgestelltes Individuum besitzt nur innerlich Welt."

Anderen und die Antwort auf seinen Anspruch ereignet sich die Subjektivierung.

Die Offenheit des Subjekts kann jedoch in mehrfacher Weise verstanden werden. War es in Kants „Kritik der reinen Vernunft" die Offenheit jedes Objekts für alle Anderen, bei Heidegger die Ekstase der Ek-sistenz, die das Bewußtsein beseelt, so ist die Offenheit bei Lévinas nicht mehr ein Geschehen des Seins, das sich auftut, um sich zu zeigen, sondern ist Sinnlichkeit, Zärtlichkeit und

> „Entblößung der Haut, die der Verwundung und der Beleidigung ausgesetzt ist. [. . .] Von der Sinnlichkeit her ist das Subjekt für den Anderen: Stellvertretung, Verantwortung, Sühne. [. . .] Nichts ist passiver als dieses In-Anklage-versetzt-Werden, das früher ist als meine Freiheit, nichts ist passiver als dieses vor-ursprüngliche Angeklagt-Werden, als diese Offenheit."(Lévinas 1989: 93ff)

Die Einmaligkeit ist keine vorgesellschaftliche, sondern hängt unmittelbar mit dem anderen Menschen, mit der Begegnung von Angesicht-zu-Angesicht zusammen: „Ich" bin als VerantwortlicheR einmalig in meiner Verantwortung für den/ die AndereN, niemand kann an meiner Stelle auf die Bitte des Antlitzes des anderen Menschen antworten. Durch diese Ver-antwortlichkeit wird das Ich einzigartig. Jenseits jeglichem monadenhaften Daseins ereignet sich in der Offenheit der Sinnlichkeit, des Eros und der Verwundbarkeit ein Verlust der Identität und damit der Übergang zu einem An-Denken des anderen Daseins, zu Nicht-Indifferenz und zu einem Denken in verschiedenen Zeiten.

Natürlich muß diese Sichtweise nicht zwingend überzeugen, aber darin eine vorgesellschaftliche Einmaligkeit des Menschen oder ein Dasein als jenseitige Monade zu erkennen, leuchtet nicht ein. Die „Postmoderne Ethik" von Bauman betont ja gerade ihre anti-monadische Sichtweise:

> „Würde Postmoderne bedeuten: Rückzug aus den Sackgassen, in welche die radikal verfolgten Ambitionen der Moderne geführt haben, dann wäre postmoderne Ethik eine solche, die den Anderen aus seiner Verbannung in der Ödnis kalkulierter Interessen als einen physisch *und* geistig nahestehenden Nachbarn in den inneren Kreis des moralischen Selbst zurückholte. Sie wäre eine Ethik, die autonome moralische Bedeutung der Nähe wiederherstellen würde; eine Ethik, die im Prozeß

(Taureck 1991: 46f)

der Verwirklichung des moralischen Selbst den Anderen als entscheidenden Charakter neu besetzte. Alain Renaut forderte, eine neue Ethik müsse sich zur Vermeidung der alten Unterlassungen moderner Moralphilosophie auf Intersubjektivität als die dem ‚monadologischen Individualismus auferlegte Begrenzung' konzentrieren. In diesem Sinne ist Lévinas' Ethik die postmoderne Ethik."(Bauman 1995a: 130)

6.5 Situiert oder konstituiert?

Rommelspacher erweitert ihre „Kritik der vorgesellschaftlichen Einmaligkeit", indem sie Bauman vorwirft, er fasse die Situiertheit des Menschen hauptsächlich als Zwang auf und weiche deswegen in seiner Moralkonzeption auf eine *vorsoziale Existenz* aus. In diesem Abschnitt soll zunächst die Frage im Mittelpunkt stehen, ob es ausreicht, von einer Situiertheit des Menschen zu sprechen, oder ob es nicht plausibel erscheint, sogar von einer *Konstituiertheit* des Subjekts auszugehen.

In einem nächsten Schritt (Kapitel 6.6) soll sich der Behauptung zugewendet werden, Bauman gehe von einer vorsozialen Existenz in seiner Moralkonzeption aus.

Rommelspacher schreibt: „Die Situiertheit des Menschen kann er [Bauman; S.M.] auch nicht annehmen, solange er gesellschaftliche Geprägtheit allein als Entmündigung und Zwang versteht. Deshalb muß er auch, wie wir im Folgenden sehen werden, mit seinem Konzept der Moral auf eine vorsoziale Existenz ausweichen."(Rommelspacher 1997: 261)

Bevor auf Rommelspacher Kritik eingegangen wird, soll jedoch eine Satzpassage Baumans entgegengesetzt werden:

> „Der gegenwärtige Rückzug des Staates von *moralischer* Gesetzgebung (oder besser, die Aufgabe frühmoderner Ambitionen, solche Gesetzgebung ubiquitär und umfassend zu gestalten) überläßt das Terrain kommunaler Wirtschaftung. Zunehmend erkennen Staaten das Recht von Gruppen ‚kleiner als national' (ethnisch, territorial, konfessionell, geschlechtsbezogen, sexualpolitisch) auf moralische Spezifität und Selbstbestimmung –bzw. gestatten sie eine solche Selbstbestimmung mehr durch Geschehenlassen als durch aktive Gestaltung. Die Lücke wird nun durch konkurrierende Zwänge gefüllt, wobei immer das Recht beansprucht wird, die Regeln entsprechend der Situiertheit derer zu in-

> terpretieren, die der ‚natürliche Bereich' der ethischen Überwachung seien. [...] gerade mal ein Aspekt der facettenreichen Identität des Individuums wird angesprochen. Dieser jedoch wird als schlechthin zentral proklamiert, die Lage des einzelnen insgesamt bestimmend und dazu ausersehen, alle anderen Aspekte zwergenhaft klein und von weniger Gewicht erscheinen zu lassen. [...] Das Selbst muß erst gestutzt und beschnitten, zergliedert und dann wieder zusammengesetzt werden, um wirklich ‚situiert' zu werden. [...] Weit davon entfernt, eine ‚natürliche Gegebenheit' zu sein, wird ‚Situiertheit' gesellschaftlich und *kontrovers* produziert."(Bauman 1995a: 73ff)

Was in einer Theorie von der Situiertheit des Menschen oftmals übersehen wird, ist die Tatsache, daß diese Situiertheit ein historisches und soziokulturelles Produkt ist. Natürlich heißt Subjektsein, eine bestimmte (epistemologische, politische, moralische) Stellung eingenommen zu haben oder in gemeinschaftlichen Bezügen situiert zu sein, schon immer mit den anderen auch und *mit da* zu sein. Wie jedoch konkrete Menschen tatsächlich dazu kommen, derartige Subjekte zu sein, wie sie im Einzelfalle also „subjektiviert" worden sind, ist eine Frage, die beispielsweise Foucault in seinen historisch-politischen Studien zu beantworten versucht hat. In den einzelnen Untersuchungen wird beschrieben, wie die zwangsläufige Unterwerfung der „Subjektgewordenen" unter bestimmte Machtverhältnisse und Wissensformen sich historisch und sozial vollziehen konnte. Das wichtigste Resultat dabei ist: Die Menschen in bestimmten Kulturen, Gesellschaften oder Lebensformen haben sich nicht für diese oder jene Weisen der Subjektivierung entschieden, sondern sie sind ihnen beschieden worden. Gewisse Situiertheiten sind also fernab jeglich gegebener Natürlichkeit. Lediglich von einer Situiertheit auszugehen ist demnach nicht „stark" genug: Das Subjekt ist nämlich nicht nur situiert, sondern wird vom gesellschaftlichen und historischen Rahmen sogar erst konstituiert:

> „Das Subjekt weist nicht erst eine intakte Reflexivität auf und ist dann in einem zweiten Schritt in einem kulturellen Kontext situiert. Vielmehr ist dieser kulturelle Kontext sozusagen immer schon da als der disartikulierte Prozeß der Konstruktion des Subjekts. Genau dieser Prozeß wird durch eine Denkstruktur verschleiert, die ein bereits fertiges Subjekt in ein äußerliches Netz kultureller Bedingungen einsetzt."(Butler 1994: 44)

Man ist nicht einfach in einer Gesellschaft existent und kann dann in einem zweiten Schritt z.B. das soziales Geschlecht auswählen, sondern allein die Tatsache, daß so etwas wie Geschlechtlichkeit gedacht, (sprachlich) organisiert und materialisiert wird, konstituiert die (Subjekt-)Position, unterwirft sie diesem Denken.

Bauman will u.a. darauf aufmerksam machen, daß das Sprechen von der Situiertheit allzu leicht die historische und soziale Produktion dieser Situierung verschleiert. Vielleicht sieht er wirklich etwas zu schwarz, wenn er zu sehr auf den Konstituierungscharakter solcher Situiertheiten und auf die häufigen normativen Appelle, die aus der Erkenntnis über eine solche Situiertheit folgen, verweist (vgl. Bauman 1995a: 73ff). Andererseits bedeutet diese Sichtweise, die berechtigte Hoffnung auf Veränderung der Konstruktionen nicht aufzugeben und sie nicht als ‚natürliche' Gegebenheiten zu verstehen, an denen nicht mehr gerüttelt werden kann.

Verschiedene Konstruktionen (z.B. von Identität) machen ja gerade das aus, wodurch Menschen in bestimmter Weise als situiert angesehen werden können. Wird dem anderen Menschen lediglich unter dem Blick auf diese soziale Konstruktion begegnet *oder* seinem Antlitz, ist aber dann von moralisch entscheidender Bedeutung. Aus diesem Grund bleibt es für bestimmte Konzepte, die z.B. eine Situiertheit in gemeinsamer Identitätszugehörigkeit ansiedeln, fraglich, ob dann noch der Andere, als „nacktes"[17] Antlitz empfangen werden kann. Ein Scheitern dieser Begegnung ist zwar nicht zwingend, doch kann das zu starke Beharren auf (kohärente) Identitätspositionen andere Positionen – als moralisch nicht signifikante – von jeglicher Moralität ausschließen (s. Kapitel 7 und 8).

> „Der Andere ist anwesend in einem kulturellen Ganzen und wird durch diesen Zusammenhang erklärt, so wie ein Text durch seinen Kontext. [...] Der Andere ist gegeben in der Konkretheit der Totalität, der er immanent ist und die [...] von unserer kulturellen Initiative – der körperlichen, linguistischen oder künstlerischen Geste – ausgedrückt und enthüllt wird. Doch die Epiphanie des Anderen enthält eine eigene Bedeutung, die unabhängig ist von dieser aus der Welt erhaltenen Bedeutung. Der Andere kommt zu uns nicht nur vom Kontext her, sondern er bedeutet ohne diese Vermittlung, durch sich selbst. Die kulturelle Bedeutung, die in gewissem Sinn *horizontal* enthüllt wird – und die selbst enthüllt -, die enthüllt wird von der historischen Welt aus, der sie

[17] „'Antlitz' – ich habe es immer so beschrieben – ist Nacktheit [...]."(Lévinas 1989: 136)

angehört, [...] diese weltliche Bedeutung findet sich durch eine andere Gegenwart völlig aus der Ordnung geworfen und durcheinandergebracht, durch eine abstrakte (oder, genauer absolute), der Welt nicht integrierte Gegenwart. Diese Gegenwart besteht darin, zu uns zu kommen, *einen Eintritt zu vollziehen*. Dies läßt sich auch so ausdrücken: Das *Phänomen*, das die Erscheinung des Anderen ausmacht, ist zugleich Antlitz [...]. Während das Phänomen, in welcher Eigenschaft es auch sei, immer schon Bild ist, in seine plastische und stumme Form gebannte Manifestation, ist die Epiphanie des Antlitzes etwas Lebendes. Sein Leben besteht darin, die Form zu zerstören, in der sich alles *Seiende* in dem Augenblick, in dem es in die Immanenz eintritt – das heißt, in dem es sich als Thema aussetzt -, schon verbirgt."(Lévinas 1989: 39f)[18]

6.6 Vorsoziale Moralität?

Nun zu dem zweiten Satz des oben angeführten Zitates: Rommelspacher meint, Bauman weiche mit seinem Konzept der Moral auf eine vorsoziale Existenz aus.

Wie bereits beschrieben wurde, greift Bauman in seiner Konzeption der Moral auf die Philosophie von Emmanuel Lévinas zurück. Es dürfte schwierig sein, in dessen Werken (und in denen von Bauman) eine Textstelle zu finden, in der geschrieben steht, der Mensch sei an sich gut oder schlecht oder sei verantwortlich vor jeglicher sozialen Begegnung mit dem anderen Menschen, also vor jeder (mikro-)sozialen Situation des Angesicht-zu-Angesicht. Auch wenn beide auf sehr ambivalente Weise öfters zwischen der Vorzeitigkeit von Mitsein und Fürsein hin- und herpendeln, so steht doch außer Frage, daß erst durch das appellierende, (nicht-gesagte) Spre-

[18]Das Bedeuten des Antlitzes, das nicht der konstituierenden Sinngebung des transzendentalen Bewußtseins entstammt, bezeichnet Lévinas als ein Sagen. Dies meint ein Sprechen, das noch vor jeder verbalisierten Aussage, vor jeder Formulierung und Thematisierung geschieht „als das reine Mich-Angehen des Anderen [...]. Dieses ethische Sprechen muß sich jedoch seinerseits einer ontologischen Sprache bedienen, es muß vom Antlitz und seinem Bedeuten sprechen wie von etwas Seiendem, Vorstellbarem. Das Antlitz bedeutet zwar unabhängig von jedem ‚Kontext', es hat seine Bedeutung aus sich selbst und ist insofern ‚außerhalb jedes Kontextes', zugleich aber kann man von ihm konkret nur sprechen *im* Kontext des In-der-Welt-seins. So geschieht Sprechen immer in beiden Dimensionen, im Bereich der Diachronie und der Synchronie, als der ständige Übergang zwischen ihnen."(Wenzler 1989b: 87f).

chen des Antlitzes des/ der Anderen, durch die Nähe des von-Angesicht-zu-Angesicht und durch die Erfahrung der Sinnlichkeit die Verantwortung – als „meine“ Antwort auf diese Bitte und diesen Befehl des/ der Anderen – geschieht: „Positiv können wir sagen, daß von dem Moment an, in dem der Andere mich anblickt, ich für ihn verantwortlich bin. [...] Ich analysiere die zwischen-menschliche Beziehung so, als wäre in der Nähe zum *Anderen* – jenseits des Bildes, das ich mir vom anderen Menschen mache – sein Antlitz, der Ausdruck des *Anderen* (und in diesem Sinn ist mehr oder weniger der ganze menschliche Körper Antlitz), das, was mir befiehlt, ihm zu dienen.“(Lévinas 1986: 73f)

Bauman weicht allerdings keineswegs auf eine vorsoziale Existenz der Moral aus, sondern betont den sozialen Charakter: „Was kann man also lernen aus Lévinas' Erforschung [...] der Welt der Vielzahl der Anderen – der sozialen Welt? Man kann lernen, um es in aller Kürze auszudrücken, daß diese Welt des Sozialen eine legitime Frucht und zugleich eine Verzerrung der moralischen Welt ist.“(Bauman 1999: 93)

Was Bauman allerdings in seinem Buch „Postmoderne Ethik“ teilweise nicht beantwortet, ist die Frage „nach den Voraussetzungen einer solchen Verantwortlichkeit.“(Rommelspacher 1997: 262) Diese hat er zwar in „Dialektik der Ordnung“ (1992) auf negative Weise ausgeführt – indem er beschrieb, wie Moralität bzw. das Antlitz ausgelöscht wird –, jedoch nicht auf eine für alle LeserInnen befriedigende Art.

Die Voraussetzungen bzw. die Bedingungen der Möglichkeit, das Antlitz des anderen Menschen als Antlitz und ihn/ sie nicht nur in seiner/ ihrer Funktionalität, Kategorie etc. zu erfahren, sollten in dem Buch „Postmoderne Ethik“ befriedigender analysiert werden. Dieser konstruktiven Kritik Rommelspachers sollte unbedingt – *vielleicht* dekonstruktivistisch – gefolgt werden. Hier sind gewisse Lücken zu füllen; für Bauman steht dies allerdings noch aus.

6.7 Vormoderne und elitäre Analyse?

Baumans

> „Analyse bekommt einen entschieden antimodernen und elitären Affekt, wenn er die heutigen Menschen als Vagabunden oder Touristen beschreibt, die nur auf der Suche nach einem schnellen und leichten

> Glück wie zufällig durch ihr Leben schweifen, immer auf der Suche nach exotischem Genuß, nach unverbindlicher Begegnung, alles nach seinem Tauschwert bemessend bar jeder Moralität und Menschlichkeit."(Rommelspacher 1997: 264)

VagabundInnen und TouristInnen sind zwei von mehreren Lebensstrategien, die Bauman im Zeitalter der spätmodernen Globalisierung erkennt und analysiert. Integration und Fragmentierung, Globalisierung und Territorialisierung sind für ihn sich ergänzende Prozesse, zwei Seiten desselben aktuellen Prozesses der weltweiten Umverteilung von Macht, Souveränität und Handlungsfreiheit, zwei Seiten einer Medaille. Aus diesem Grund schlägt Zygmunt Bauman – unter Berufung auf einen Ausdruck Roland Robertsons – vor, von **Glokalisierung** statt von Globalisierung zu sprechen, von Prozessen also, „innerhalb dessen die Gleichzeitigkeit und das Ineinander von Synthesis und Auflösung, Integration und Dekomposition alles andere als zufällig und erst recht nicht korrigierbar sind."(Bauman 1996: 658)

Beim Prozeß der Glokalisierung muß aber beachtet werden, daß es vor allem ein Prozeß einer Neuverteilung von Privilegien und Entrechtungen, von Reichtum und Armut, von Macht und Ohnmacht, von Freiheit und Unfreiheit ist; ein Prozeß einer weltweiten Neu-Stratifizierung. Bei der Fragmentierung in kleine Staaten und kommunale Identitäten, welche die Globalisierung der Märkte und der Informationsstrukturen vorantreiben und notwendig erscheinen lassen, handelt es sich nicht um gleiche Partner. Was für die einen eine freie Wahl ist, ist für die anderen erbarmungsloser Zwang. Da die letzteren zunehmen und immer verzweifelter werden, bedeutet Glokalisierung eine Konzentration von Kapital, Finanzen und insbesondere eine Konzentration der Handlungsfreiheit weniger, der globalen Reichen, organisiert in der Nordamerikanischen Freihandelszone (NAFTA) oder z.B. der Europäischen (EFTA), und eine spätmoderne Version des Sklaventums: die einen leben die Freiheit der postmodernen TouristInnen (vgl. auch Bauman 1995f), welche die in ihrer Reichweite liegende Welt unheimlich *attraktiv* finden, die anderen sind die VagabundInnen, die aufbrechen, weil sie die in ihrer Welt liegende Welt unerträglich und ungastlich finden. Was für manche Globalisierung im Sinne einer Freiheit der globalen Mobilität, ist für die Armen eine Lokalisierung, die ihren direktesten Ausdruck und Eingrenzung in Einwanderungsgesetzen, Schengener Abkommen oder „no go areas" erfährt: grünes Licht für die TouristInnen, rotes Licht für die VagabundInnen.

„Erzwungene Lokalisierung sichert die natürliche Selektion der Globalisierungseffekte."(Bauman 1996: 663)

Die BewohnerInnen der sog. „ersten Welt" leben in der *Zeit*, Raum bedeutet ihnen nichts, sie können jede Entfernung unmittelbar überbrücken. Die BewohnerInnen der anderen Welt leben im *Raum* – er bindet die Zeit fest, entzieht sie der Kontrolle der BewohnerInnen. Somit polarisiert Glokalisierung die Mobilität, „die Möglichkeit, die Zeit zu nutzen, um die Beschränkungen des Raums zu annullieren. Diese Möglichkeit – oder Unmöglichkeit – trennt die Welt in die globalisierte und die lokalisierte."(Bauman 1996: 661)

Und diese Effekte trennen auch TouristInnen und VagabundInnen: TouristInnen sind nach Bauman auf der Suche nach exotischem Genuß, aber nicht die VagabundInnen, wie Rommelspacher schreibt. VagabundInnen emigrieren nicht in die nördliche Hemisphäre, weil sie exotischen Genuß suchen, sondern weil ihre Situation unerträglich ist. „Physisch nahe, geistig fern – lautet die Formel für das Leben beider, das des Vagabunden und des Touristen."(Bauman 1995a: 360) Aber die VagabundInnen haben sich diese Situation, die moralische Nähe nicht zuläßt, nicht ausgesucht. Sie sind Opfer der neoliberalen Globalisierungseffekte und der hegemonialen Raumordnung der nördlichen Industriestaaten.

Daß eine solche Sichtweise, die auf die entmoralisierenden und sozialstrukturell differenzierenden Effekte der ökonomischen Globalisierung aufmerksam macht, elitär und vormodern sein soll, kann zu Recht bezweifelt werden.

„Die Menschen als Masse zu bezeichnen, die ihr Leben verantwortungs- und morallos am liebsten als ständigen Karneval inszenieren und die Lösung in der Einzigartigkeit und Einmaligkeit zu suchen, das ist die Sprache des Elitarismus."(Rommelspacher 1997: 264), entgegnet Rommelspacher.

Es klingt hier so an, als ob die Menschen aus der Sicht Baumans absolut frei handelnde Wesen wären, die sich Verantwortungslosigkeit aussuchen. Aber wie schon einmal angedeutet, sind es nach Bauman hauptsächlich die verschiedenartigen sozialen, diskursiven und nicht- diskursiven Praktiken und Strukturen, seien sie nun symbolisch oder materiell charakterisiert, die die Moralität zum Verschwinden bringen und nicht die frei gewählten Eigenleistungen der Individuen.

6.8 Fazit

Rommelspachers Kritik hat ihren konstruktiven Gehalt darin, daß sie auf die nicht vorhandene Aufnahme des feministischen Diskurses im Werk Zygmunt Baumans aufmerksam macht. Obgleich Bauman in seiner sogenannten dritten Phase (vgl. 1992, 1995, 1999) sehr ausführlich auf soziale Ein- und Ausschlußpraktiken eingeht, erscheint an keiner Stelle eine ausführliche Auseinandersetzung mit dem Geschlechterverhältnis und der feministischen Theorie. Dies verwundert deswegen, weil sich Baumans Bücher ansonsten gerade durch ihre analytische Schärfe im Betrachten aktueller, sozialer Prozesse auszeichnen. Warum nimmt er nicht „das Unbehagen der Geschlechter" in der patriarchalen Gesellschaft wahr? Warum sieht er nicht, daß eine Berücksichtigung derzeitiger Debatten des Feminismus sein Werk und seine Argumentationen bereichern und verschärfen könnten?

Rommelspachers Kritik verliert jedoch dort an Schlagkraft, wo sie Baumans Sichtweise auf Moralität kritisiert. Dies hängt mit zwei Dingen zusammen:

1. Man trifft hier auf zwei absolut divergierende, theoriepolitische Standpunkte. Der eine ist dadurch gekennzeichnet, daß die Ideale der Moderne nur mit den vorhandenen Mitteln der Moderne erreicht werden können. Der andere Blickwinkel, den man Zygmunt Bauman zuschreiben kann, stellt genau eine Kritik an modernem Denken dar. Aus dieser Sicht hat die Moderne auf spektakuläre Weise versagt, die emanzipativen Ziele, die sie einst hervorbrachte, zu verwirklichen. Und vielleicht (nicht mehr und nicht weniger) sollte man sich deshalb auf den Weg machen, diese Ziele nicht mehr mit modernen Mitteln zu erreichen, sondern moralischen und politischen Spuren folgen, wie sie einige sogenannte postmoderne Bewegungen und Theorien aufzeigen.

2. Rommelspachers argumentativer Schwachpunkt liegt jedoch in der Ungenauigkeit ihrer Lesart des Ortes, von dem Bauman seine Sichtweise auf Moral herleitet: es ist der Humanismus des anderen Menschen, herausgearbeitet von Lévinas. Rommelspachers widmet dieser Sichtweise gerade einmal zwei Absätze in ihrem Essay, so daß sowohl die Basis als auch das ganze Gerüst der Bauman'schen Konzeption zu kurz kommen. Dies dürfte auch der Grund für viele Mißverständnisse

ihrerseits sein, die sich beispielsweise in der Konstatierung von „vorgesellschaftlichen Monaden“ ausdrücken. Indem in diesem Kapitel relativ ausführlich auf Lévinas eingegangen wurde, sollte zum einen aufgezeigt werden, wie hilfreich ein genaues Lesen von Lévinas für Rommelspachers Argumentation gewesen wäre, als auch bewußt gemacht werden, daß Baumans Sicht auf Moralität nur angedacht und verstanden werden kann, wenn sie auf das Denken und die Ethik von Lévinas bezogen wird. Geschieht dies nicht, muß wohl – wie am Schluß ihres Essays – die Argumentation mit ein wenig Polemik gewürzt und Bauman in einen Topf mit dem Elitarismus geschmissen werden.

7 Die soziale Produktion moralischer Indifferenz

„Ich glaube übrigens nicht, daß die reine Philosophie rein sein kann, ohne auf das „soziale Problem“ einzugehen.“(Lévinas 1986: 42)

An diesem Punkt angelangt, soll sich folgender Frage gestellt werden: Kann es sein, daß Gesellschaft – wie auch Gemeinschaft – womöglich im Widerspruch zu ihren 'moralisierenden Funktionen' unter bestimmten Bedingungen 'moralische Skrupel' außer Kraft setzen kann, Moral gleichfalls sozial manipulierbar ist?

Gemeinschaft ist konstitutiv für die Moral, konnte man zu Anfang bei der Auseinandersetzung mit Alasdair MacIntyre gelesen. Moral wird somit als ein 'soziales Produkt' verstanden und Ereignisse, die das moralische Empfinden oder das, was innerhalb der Gemeinschaft sich als moralisch durchgesetzt hat, verletzen, werden als eine Fehlfunktion der Produktion von Moral bzw. der 'moralischen Industrie' betrachtet. Unmoralisches Verhalten wird dabei als Folge eines unzureichenden Vorrats an moralischen Normen oder eines Überschusses an defekten, nicht bindenden Normen erklärt, wobei die Fehler dann im Steuerungsprozeß oder in externen Störfaktoren gesucht werden, die es auszubessern gilt – gleichsam eines technischen Versagens eines Produktionsprozesses. Unmoralisches Verhalten wird dann als Abweichung von der Norm aufgefaßt, die auf fehlendem oder zu schwachen Sozialisationsdruck beruht; es wird aber nie auf die sozialen Mechanismen zurückgeführt, die diesen Druck erzeugen und die geeignet sind, Moralität zu manipulieren.

Eine soziologische Theorie von Moral, die von der sozialen Produktion von Moral ausgeht, kann ebenfalls nicht moralische Phänomene erfassen, die sich gegen die ansozialisierten Normen und die historisch-sozial vermittelten Werte richtet, wie sie z.B. zur Zeit des Holocaust stattfanden. „Unter dem Eindruck des Holocaust wurden Justiz und Moraltheologen mit der Problematik konfrontiert, daß die Moral sich im Ungehorsam gegenüber sozial reglementierten Prinzipien manifestieren kann oder auch in Handlungen, die sozialer Solidarität und sozialem Konsens zuwiderlaufen."(Bauman 1992: 192)

Oder polemisch gefragt: Waren etwa diejenigen, die dem sozialen Konsens zuwiderliefen und Juden, Jüdinnen, KommunistInnen u.a. unter ihren Sofas, in Hausnischen oder in Kellern versteckten und deren Leben retteten, unmoralisch? War da mehr am Werk als ein sozial produziertes moralisches Verhalten. Um dieses moralische Phänomen zu beschreiben, reicht eine Erklärung von Moral, die sich darauf stützt, daß moralisches Verhalten aus der gemeinschaftlichen Übereinstimmung, dem kollektiven Bewußtsein und der Gesellschaft erwächst, nicht aus.

Dies hat Konsequenzen für einige 'herkömmliche' soziologische Theorien von Moral: die Soziologie muß manche traditionellen Konzepte von den Ursprüngen der Moral neu überdenken, denn sie muß eine moralische Verantwortung zum Widerstand gegen die Sozialisation miteinbeziehen. (vgl. Baumann 1992: 192 und Arendt1964)[1] Sie könnte einsehen, daß

> „die sozialen Instanzen, die Normen sanktionieren und durchsetzen, nicht die oberste moralische Autorität besitzen noch verbindlich entscheiden können, was gut und was böse ist. Menschliches Verhalten kann, selbst wenn es von der betreffenden Gruppe – ja von allen gesellschaftlichen Gruppen – verurteilt wird, zutiefst moralisch sein; umgekehrt kann gesellschaftlich erwünschtes Verhalten, selbst wenn darüber Konsens herrscht, unmoralisch sein.[...] Die sozial vermittelten Moralsysteme sind örtlich begrenzt – und daher in einer pluralistisch-heterogenen Welt einem grenzenlosen Relativismus unterworfen. *Dieser Relativismus gilt indes nicht für die menschliche 'Fähigkeit, Gut und Böse unterscheiden zu können'*: Man muß für diese Fähigkeit eine andere Quelle annehmen als das *kollektive gesellschaftliche Bewußtsein*."(Bauman 1992: 192f)

Weiter gedacht könnte man sogar die Behauptung aufstellen, daß Gesell-

[1] Hannah Arendt schreibt dazu: „Da die etablierte Gesellschaft auf die eine oder andere Weise vor Hitler kapituliert hatte, waren die moralischen Grundsätze für soziales Verhalten und die christlichen Gebote ('Du sollst nicht töten!') praktisch verschwunden. Die wenigen, die Gut und Böse noch auseinanderzuhalten vermochten, verließen sich ausschließlich auf ihr eigenes Urteilsvermögen; es gab keine Regeln mehr, auf die sie sich bei der Beurteilung der Situationen, mit denen sie konfrontiert wurden, hätten beziehen können. Sie mußten spontan eine Entscheidung treffen, da dem Unvorhersehbaren keine Regeln zugrunde lagen."(Arendt 1964: 294f)

schaft die moralische Fähigkeit, der Begegnung des Anderen als Antlitz, eher unterdrückt, instrumentalisiert oder unmöglich gemacht wird und es eine In(ter)vention des Unmöglichen bedarf; daß der Sozialisationsprozeß der Manipulation der moralischen Fähigkeiten und nicht nur deren Erzeugung dient, was nicht heißt, daß Moral immer nur manipuliert wird. Sie kann auch der Sozialisation widerstehen, wenn man von einem moralischen Sich-vom-Sein-Lösen ausgeht, wie es Lévinas beschrieben hat. Dort konstituiert sich die Moralität des Für-Seins und das Subjekt nicht so sehr durch Sozialisation, sondern durch die Nähe des/der Anderen, durch die Begegnung und das Antlitz des anderen Menschen. Doch welcher Mensch kann so viel Kraft und Ressourcen aufbringen, dem Sozialisationsdruck und den gesellschaftlichen Normen zu widerstehen? Wichtig ist jedoch, daß es immer wieder Menschen gab und immer noch gibt, die das konnten.

Verschiebt man die Perspektive

> „von der Sozialisation, Erziehung und Zivilisation – das heißt also dem Bereich der sozial gesteuerten 'humanisierenden Prozesse' – hin zu den repressiven, strukturierenden und spannungsentlastenden Prozessen und Institutionen sowie den damit verbundenen 'Problemen' der Anpassung und Transformation [und] betrachten wir die moralische Fähigkeit als Objekt und nicht als Produkt dieser Prozesse und Institutionen, [...] so gelangen wir zu der Überzeugung, daß die für die moralische Fähigkeit verantwortlichen Faktoren nicht im gesellschaftlichen, sondern im zwischenmenschlichen Raum zu suchen sind."(Bauman 1992: 193)

Moralisches Verhalten wäre dann allein im intersubjektiven Bereich, im menschlichen Füreinander, im 'Angesicht-zu-Angesicht' anzusiedeln und keineswegs dem Wirken von übersubjektiven Bildungseinrichtungen oder einem überindividuellen System von Überwachen und disziplinierendem Strafen zu verdanken.

Wie bei der Betrachtung von Lévinas' ethischem Vorrang des/ der Anderen beschrieben wurde, bauen gesellschaftliche Prozesse auf moralischen Strukturen auf, der Verantwortung für den anderen Menschen, auf dem Fürsein. Moral ist kein gesellschaftliches Produkt, Moral kann aber gesellschaftlich manipuliert werden, wobei jedoch zu beachten ist, daß unmoralisches Verhalten, welches die Verantwortung für den Anderen negiert, nicht unbedingt heißt, daß die Gesellschaft im Allgemeinen immanent versagt hat. Unmoralisches Verhalten ermöglicht eher Rückschlüsse auf die soziale Steuerung der intersubjektiven Begegnung des Angesicht-zu-Angesicht.

Verantwortung entsteht bei dieser Begegnung, bei der Nähe des Anderen. „Nähe bedeutet Verantwortung und Verantwortung *ist* Nähe.“(Bauman 1992: 198) Beide bedingen sich gegenseitig und stehen in Relation zueinander. Weder Verantwortung noch Nähe beanspruchen für sich eine Priorität vor der anderen. Wie in einem Spiel von Signifikanten verweist das eine auf das andere.

Verantwortung und damit den moralischen Impuls aufzuheben, könnte dann beispielsweise erfolgen, wenn die Nähe durch eine geistige und physische Trennung ersetzt wird. Wie kann eine solche geistige und physische Trennung erfolgen? Bauman betont, daß sich insbesondere soziale Organisationen auf die Neutralisierung des moralischen Impulses verstehen:

> „Der Weg der [sozialen] Organisation, Handeln zu sozialisieren, schließt als unabdingbare Begleiterscheinung die Privatisierung der Moral ein. [. . .] Die Organisation befördert durch diese Arrangements [s.u.] nicht unmoralisches Verhalten. Sie unterstützt nicht das Böse, wie einige ihrer Kritiker sich beeilen würden einzuwenden. Allerdings befördert sie, entgegen den Verlautbarungen ihrer Eigenwerbung, auch das Gute nicht. Sie läßt soziales Handeln einfach *adiaphorisch* werden (der Begriff *adiaphoron* gehört zur Kirchensprache und bedeutete ursprünglich einen von der Kirche für indifferent erklärten Glauben oder Brauch – weder Verdienst noch Sünde -, der daher keine Stellungnahme, keine offizielle Bekräftigung und kein Verbot erforderte). Soziales Handeln ist damit weder gut noch böse, nach technischen (zweckorientierten und verfahrensbezogenen), jedoch nicht nach moralischen Kriterien zu ermessen.“(Bauman 1995a: 187f)

Dabei sind mehrere einander sich ergänzende ‚Arrangements‘ anzutreffen, die soziales Handeln adiaphorisieren:

> „1. Die Distanz zwischen dem Handeln und dessen Konsequenzen wird über den Wirkungsbereich des moralischen Impulses hinweg ausgedehnt;
>
> 2. ein Teil der ‘Anderen’ wird aus der Gruppe jener potentiellen ‘Antlitze’, die moralisches Verhalten auf sich ziehen, ausgegrenzt;
>
> 3. die Zielgruppen des Handelns werden in Einheiten mit spezifischen Merkmalen aufgelöst, so daß es keine Gelegenheit zur Rekonstruktion

> des Antlitzes gibt und das Ziel des Handelns von moralischen Wertmaßstäben befreit ist."(Bauman 1992: 241)

Zu 1.): Als Beispiel kann hier die aktuelle, technologische (man darf nicht übersehen, welche wichtige Rolle die Technologie der Informationsgesellschaft – angefangen bei Faxgeräten etc. – und die damit verbundene Entfernung von Handlungkonsequenzen spielt) und bürokratisierte Welt dienen. In erster Linie werden im bürokratischen- oder Verwaltungssystem z.B. die Handlungskonsequenzen aus dem moralischen Bereich durch die Hierarchie von Befehl und Gehorsam genommen. BeamtInnen sind so beispielsweise in einer *vermittelnden* Position. Sie sind von den Urhebern (den Chefs ihrer Abteilungen, der Gesetzgebung etc.) als auch von dem Endresultat (dem Wohnunglosen unter ihren Bürofenstern, der alleinerziehenden Mutter, die mit dem letzten Rest Geld in der Geldbörse vor dem vollen Supermarktregal der Konsumfreiheit den Teufel wünscht, etc.) weit entfernt. Sie sind Teil einer *mediatisierenden* (vermittelnden) Kette und nur in Ausnahmefällen mit einer Entscheidungssituation konfrontiert (die Fälle, in denen einem/ einer eine Zuwiderhandlung gegen die 'Dienstvorschrift' widerfährt, läßt sich oftmals an einer Hand ablesen).

> „Da das Handeln *mediatisiert* und seinerseits 'nur' *mediatisierend* ist, läßt sich ein möglicher Kausalzusammenhang ignorieren, indem die Fakten als 'unvorhersehbare Folge' oder 'unbeabsichtigter Effekt' eines moralisch an sich neutralen Akts dargestellt werden – als Fehler der Vernunft, nicht aber ethisches Versagen. Die soziale Organisation kann mithin als Apparat beschrieben werden, der moralische Verantwortung in einem Schwebezustand hält."(Bauman 1992: 242)

Der/ die Einzelne trägt keine Verantwortung (denkt er/ sie) , um kausales Gewicht zu haben, ist sein/ ihr Beitrag zu klein und partiell (denkt er/ sie). Verantwortung wird somit aufgesplittert und es erscheint einem wie eine Herrschaft durch niemanden. Die Handelnden werden als moralische Subjekte zwischen Aufgaben und Verfahrensregeln mundtot und wehrlos gemacht.

Natürlich erlischt die moralische Befähigung der Handelnden nicht völlig. Sie kann in eine 'passende' Richtung hin zu den anderen Mitgliedern in der Nähe des/ der Handelnden innerhalb der Handlungskette gelenkt werden. Der/ die Handelnde ist dann als moralisches Selbst für *deren* Wohl verantwortlich, während der moralischen Fähigkeit des/ der Handelnden ein

Eingreifen in das Gesamtziel oder -ergebnis der kollektiven Bemühungen verwehrt bleibt. Somit entfaltet sich die moralische Fähigkeit im Dienst der 'Effizienz' dieser kollektiven Bemühung und „erweist den Gefährten Loyalität, den ‚Waffenkameraden' das Hauptmaß moralischer Anständigkeit, und stärkt Disziplin und Bereitschaft zur Zusammenarbeit und zerstört dabei alle moralischen Skrupel über Fernwirkungen, die aus der Kooperation erwachsen könnten."(Bauman 1995a: 190)

Die Mediatisierung des Handelns könnte man sich auch wie eine gewaltige *Ellipse* vorstellen, deren Anfang und Ende nicht zu sehen, geschweige denn aufzuspüren ist: BeamtInnen können auf ihre Vorgesetzte verweisen, die wiederum auf andere Vorgesetzte, die wiederum auf ihre Ministerien, die auf die Legislative, die wiederum auf die Regierung und die Regierung wiederum auf die Kreuzchen, die man alle vier Jahre neben irgendwelche Parteien auf einem Zettel machen darf, außer dieser Mensch ist vielleicht AusländerIn. Womit man schon bei Punkt 2, der *„Auslöschung des Antlitzes"*, angelangt ist.

Zu 2.) und 3.): Ein Teil der „Anderen" wird in eine Position gebracht, in der ihnen keine moralische Verantwortung oder Ansprüche mehr zugestanden werden. Sie werden beispielsweise einer bestimmten Kategorie zugewiesen, in der sie den Handelnden nicht mehr als „Antlitz" begegnen. Das Spektrum der Mittel, mit dem die „Auslöschung des Antlitzes" geschehen kann, ist sehr groß. Es können bestimmte Gruppen oder auch nur Einzelne zum Feind erklärt werden, durch Klassifikation als Instrumente in Maßnahmen eingebunden und entsprechend auf ihren funktionalen Wert reduziert werden (beispielsweise *„die* Arbeitslosen", die neuerdings auch bestimmte Stellen annehmen müssen, wobei es immer gleichgültiger wird, ob sie diese dann wollen oder für diese qualifiziert sind). Oder Fremde werden aus der alltäglichen sozialen Interaktion entfernt und beispielsweise in notdürftigen Behausungen am Stadtrand, die mit den politisch konstruierten Bezeichnungen „Asylantenschiff" oder „Asylwohnheim" betitelt sind, untergebracht.

Da diese Art der Manipulation und Auslöschung des moralischen Impulses zunimmt, soll sie näher unter die Lupe genommen werden:

Man kann aufeinanderfolgende Stufen bei der Vertreibung aus dem Antlitz oder dem Angesicht-zu-Angesicht (aus der Sphäre der Moral überhaupt) entdecken, die einer gewissen Struktur und Systemhaftigkeit nicht entbehren:

Als erstes muß die zu diskriminierende Gruppe konstruiert, *definiert* oder *kategorisiert* und somit *unterschieden* werden (Punkt 3.). Das geht relativ schnell, z.B.: alle, die bunte Haare haben, sind Punker, oder „die AsylantInnen“, „die Junkies“, „die Autonomen“, „die Chaoten“, „die CastorgegenerInnen “ etc. Auf jeden Fall ist sonst *niemand* von den Maßnahmen betroffen, die den markierten Gruppen anheimfallen, die nicht für „normale“ BürgerInnen gelten. „Die Individuen der Gruppe werden gleichzeitig als Exemplare eines Typus definiert, wodurch die individuellen Züge allmählich überlagert werden, während die Authentizität und Autonomie des ursprünglichen moralischen Universums verlorengeht.“(Bauman 1992: 206) Sie werden in Charakterzüge, Eigenschaften zerlegt und die Gesamtheit des moralischen Subjekts auf eine Kollektion von Teilen, Attributen und Identität reduziert (z.B.*der Junkie*), von denen kaum einer/ einem moralische Subjektivität zugeschrieben werden kann. Handlungen zielen dann eher auf spezifische Charakterzüge, Subjekt- bzw. Identitätspositionen oder Stereotype etc. von den Personen als auf die Personen selbst und umgehen oder vermeiden gänzlich den Moment der Begegnung mit moralisch signifikanten Folgen.

Die Eigenschaften der Personen sind dann

> „statistisch bearbeitete Berechnungseinheiten, aufgrund der Methode dieser Bearbeitung völlig abgelöst von der ‘ganzen Person’, von der sie zunächst abstrahiert wurden. (Vermutlich war es diese Realität sozialer Organisation, die in dem Postulat des durch den logischen Positivismus beförderten philosophischen Reduktionismus artikuliert wurde: zu zeigen, daß die Entität p auf die Entitäten x, y und z reduziert werden kann , hat die Deduktion zur Folge, daß P nichts als die Ansammlung von x, y und z ist. Kein Wunder, daß die Bedeutsamkeit moralischer Erklärungen zu den ersten Opfern des logisch-positivistischen, reduktionistischen Rundumschlags zählte.)“(Bauman 1995a: 191)

Die Wirkung des eng ausgerichteten Handelns auf die Personen als ‚ganze Personen‘ oder „unendliche Andersheiten“ wird außer acht gelassen und von moralischer Wertung freigestellt, da sie nicht Bestandteil der Intention ist:

Danach folgt die (räumliche) Ausgrenzung, bei der an die Stelle von Nähe die geistige und physische Distanz tritt. Die definierte Gruppe gerät außer Sicht – was man noch von ihr hört, läßt sich nicht mehr in die Unmittelbarkeit individueller Erfahrung übersetzen. Dazu können z.B. sog. „Asylantenschiffe“ als auch Bauwagenplätze außerhalb der Stadt oder nah an einer Autobahn, die jede Stimme in den Abgasen ersticken läßt, dienen.

Ebenso können Verfügungen aufgestellt werden, die eine Stadt in „no go areas“ einteilt, in denen sich die bestimmten Gruppen nicht mehr aufhalten dürfen; Bremen gilt hier als ein Musterbeispiel (vgl. Kassiber Nov. 1997: 26ff).

Eine andere Strategie in diesem Zusammenhang ist die der Assimilierung[2] und der Stigmatisierung (siehe dazu auch Bauman 1995a und 1995c), des Ein- und Ausschließens („Passe Dich an oder sei verdammt! Sei wie wir oder überbeanspruche Deinen Besuch bei uns nicht!“). Die Bedeutung der Herrschaft, der Verwaltung des sozialen Raumes, der Kontrolle über die Verteilung besteht dann darin, in der Lage zu sein, ein- und ausschließende Strategien alterierend einzusetzen und die Kriterien festzulegen, nach denen diese in Gang gesetzt werden und welche Strategie angemessen sei.

Gelingt das Ausschließen durch eine immer enger gefaßte „Asylgesetzgebung“ nicht, bleibt immer noch die Möglichkeit der kulturellen Isolierung. Da dies jedoch meistens nicht ausreicht, entsteht das Stigma als gesellschaftliche Institution. Dies geschieht entweder durch „Bild“- haftes Darstellen in einigen Medien oder auch durch politisch-bürokratische Wortkonstruktionen wie z.B. das Wort oder die Definition „AsylantIn“ : „Dieser Begriff [...] hat seinen Ursprung in der Verwaltung; im Rechts- und Amtsdeutsch. Es ist interessant, daß [hingegen] der Begriff 'Flüchtling' in der juristischen und politischen Sprache der Bundesrepublik für Deutsche reserviert ist. Ein Flüchtling ist per definitionem Deutscher.“(Beck 1995: 150)

Mit einprägsamen, aber inhaltsleeren Wortbildungen wie „Asylantenstrom“, „Asylantenflut“, „Scheinasylant“ etc. und einer politisch geförderten Angst und Kriminalisierung, legitimiert dann der Staat den Ausbau des Sicherheitsstaates bzw. der Polizei. Das Feindbild des „Asylanten“, der angeblich Arbeitsplätze wegnimmt, auf Kosten aller den sogenannten Wirtschaftsreichtum genießt oder die Kriminalitätsstatistiken in die Höhe treibt, ist ein dramaturgisch gesteigertes und ins Legitime gewendetes, kulturell erzeugtes Vorurteil und ein Fremdstereotyp, das funktionalisiert wird für den Auf- und Ausbau des staatlichen Machtapparates.

Und dabei muß man sich nicht nur einmal „mit dem 'Neotribalismus'

[2]Zu welchem Zeitpunkt und wie jemand assimiliert ist, bestimmen meistens die Anbieter des Assimilierungangebots und nicht die zu Assimilierenden. Daß aber immer Gründe gefunden werden, die die Assimilierung für noch nicht beendet erklären, hat Bauman am Beispiel des Assimilationsprozesses deutscher Juden und ostdeutscher Juden vor dem 2. Weltkrieg ausführlich in „Moderne und Ambivalenz“ (1995c) beschrieben.

etwa der gesellschaftlich entwurzelten ostdeutschen Nazis [beschäftigen]. [...] Vielleicht wären wir besser beraten, einen Blick auf uns selbst zu werfen.", wie Scott Lash, wenn auch in einem etwas anderen Zusammenhang, schreibt(Lash 1996b: 286); man schaue nur einmal aus dem Fenster oder in die nahe gelegene Einkaufszone, aus denen die Randgruppen langsam – und „Dank der inneren Sicherheit"– aber sicher entfernt worden sind und werden. Aber wer greift auch in Zeiten der Konsum-'Freiheit' gerne in das etwas höher gelegene Regal des Fürseins, wenn man ohne Anstrengung und schlechtem Gewissen leicht die unteren Regalfächer erreicht und dazu noch eine kostenlose, politisch und mediokratisch produzierte Anleitung und Gebrauchsanweisung erhält? Sprüche von der „inneren Sicherheit" und hetzende Rhetorik-Plakate mit der Frage: „Was macht der Dealer vor der Schule? BILD Dir Deine Meinung!" sind wohl am wenigsten dazu geeignet, moralisches Handeln zu fördern, geschweige denn einen moralischen Impuls wiederzuerwecken, sondern bewirken vielmehr das Gegenteil, auf das dann wieder mit mehr „innerer Sicherheit" und Kriminalisierung Marginalisierter geantwortet wird, anstatt überhaupt eine vernünftige Drogenpolitik in die Wege zu leiten.

Eine weiterfolgende Stufe ist die der Konzentration, die den Ausschließungsprozeß quasi abschließt, in der es keine Berührungspunkte mehr zwischen den diskriminierten Gruppen und der Mehrheit gibt. Das Schicksal der Gruppen ist dann in der Begrifflichkeit menschlicher Interaktion und Intersubjektivität nicht mehr faßbar. Ein Beispiel hierfür sind die oben erwähnten „Asylantenschiffe".

Bauman verweist noch auf eine andere, stärkere Stufe, die zu dem Ausschließungsprozeß, wie er sich z.B. beim Zusammenpferchen in Ghettos ausdrückt, hinzukommen kann: Die Ausbeutung und Aushungerung. Sie bewirkt seiner Meinung nach eine Reaktion, bei der Unmenschlichkeit als Menschlichkeit getarnt wird:

> „Wir wissen von einer ganzen Reihe von Nazikommandanten, die bei der obersten Führung nachsuchten, die am ärgsten an Unterernährung leidenden inhaftierten Juden zwangstöten zu dürfen (dies geschah, bevor die Massenvernichtung offiziell befohlen wurde); bei der systematischen Unterversorgung in den überfüllten und verarmten Ghettos schien Töten ein Akt des Mitleids – ja geradezu als Manifestation der Menschlichkeit. Der teuflische Zirkel der NS-Politik bestand darin, gezielt unerträgliche Bedingungen und Not zu schaffen, mit der dann weitergehende, noch drastischere Maßnahmen gerechtfertigt

wurden."(Bauman 1992: 206)

Wenn man den Holocaust als Beispiel wählt, war die letzte Stufe, die Vernichtung von Millionen Menschen, nicht ein Ausgangspunkt, sondern eher die logische Konsequenz der vorangegangenen Stufen. Jede Stufe schien auf dem Weg zur vollständigen Vernichtung rational sinnvoll, auch wenn keine durch den zuvor erreichten Status von Stufe festgelegt war: „Je weiter die gesamte Sequenz sich von der ersten Stufe der Definition entfernte, desto mehr gewannen rein rational-technische Erwägungen an Gewicht und drängten moralische Skrupel in den Hintergrund. Fragen der Moral spielten schließlich überhaupt keine Rolle mehr."(Bauman 1992: 206) Und dies wird dadurch erreicht, indem die physische und geistige Distanz und Isolierung der Opfer von der Mehrheit kontinuierlich gesteigert wird bzw. wurde.

7.1 Produktion moralischer Indifferenz in der Spätmoderne

In modernen, rationalisierten, industriell-technologischen Gesellschaften und in Zeiten der Gobalisierung ist die Adiaphorisierung moralischen Handelns noch prekärer, da das Handeln dieser Gesellschaften durch die Globalisierung z.B. auch auf Distanz wirksam ist (z.B. zur sog. 'Dritten Welt'), die Distanz also noch über den nationalstaatlichen Bereich hinaus gesteigert wird, wobei die Distanz mit dem Wachstum und Fortschritt von Wissenschaft, Technik, rationaler und funktionaler Arbeitsteilung und Bürokratie stetig zunimmt.

Die Handlungen und deren Auswirkungen reichen somit auch weit über die moralische Sichtbarkeit hinaus; dies läßt sich z.B. an modernen Waffensystemen der Rüstung erkennen, durch die es gar nicht mehr nötig wird, den Feind sichtbar vor Augen zu haben. Auch bei der rationalen Arbeitsteilung werden die Handlungen von moralischer Signifikanz befreit. Die einzelnen AkteurInnen unterliegen zwar noch einer Kontrolle und Bewertung, die aber nicht von moralischer, sondern technischer Art ist. Was zählt, sind nicht moralische, sondern Kriterien der Effizienz.

Als eine weitere Folge der oben aufgezählten Arrangements zählt auch die *Heteronomie des Handelns* bzw. bestimmte Formen *produktiver (Bio-) Macht*. Diese Heteronomie muß nicht immer so offensichtlich sein wie im Rahmen von Befehl und Zwang. In der Form des ExpertInnenwissens oder -rates ist sie dagegen kaum zu erkennen; ExpertInnen, denen in ihrer Rolle die Autorität verliehen wird, wirkungsvolle und ‚wahre' Aussagen zu formulieren. Bauman konstatiert eine noch ‚unsichtbarere' Heteronomie, ein Rat von ExpertInnen, die

> „keine Vollmacht besitzen: Konsumfreiheit, die sich in Warentransaktionen manifestiert und die nachfolgende Freiheit des Kunden, die erworbene Gebrauchsanweisung zu befolgen oder zu mißachten, verbergen wirkungsvoll die Tatsache, daß jener Rat das Produkt einer Definition der Klientensituation aus Sicht irgendeines anderen ist, der Entwurf irgendeines anderen vom Wohl des Klienten und das Kriterium eines anderen, richtig von falsch, passend von unpassend zu unterscheiden. Darüber hinaus vertuscht die kommerzielle Natur der Transaktion die Tatsache, daß es sich um einen sozialen Mechanismus handelt, über dessen Abläufe die Kunden wenig wissen und noch weniger Kontrolle besitzen, und der die Adresse ausgewählt hat, an die sich der Kunde mit der Bitte um Anleitung wendet; ferner, daß dieser heteronome Mechanismus den Antrieb schürt, sich nach den Anweisungen eines anderen auszurichten und diese in den von Experten produzierten *Gelben Seiten* zu suchen, von denen man glaubt, sie reihen die Agenturen auf, denen man getrost sein Vertrauen schenken könne. Es stimmt, daß ein Beschäftigter einer Organisation im Austausch für seinen Gehorsam dem Chef gegenüber bezahlt wird, während ein Konsument für das Expertenangebot, dem er sich unterordnen soll, selbst bezahlt."(Bauman 1995a: 192f)

Dadurch unterscheidet sich der ExpertInnenrat in seinen Folgen für die Befreiung von moralischer Verantwortung der Handelnden und für die Unterordnung unter die heteronom kontrollierten Normen nicht sonderlich von der offensichtlichen Heteronomie von Befehl und Zwang. Mit ein bißchen Geld hat man dann noch die Wahl, von wem der Befehl ausgeübt wird, wer der Experte sein darf.

Für die ExpertInnen bedeutet es, daß nicht sie, sondern eigentlich ihr Fachwissen für ihr Handeln verantwortlich ist. Sie sind lediglich die Träger dieses Fachwissens, deren Verantwortung darin besteht, dieses Wissen anzuwenden, dem Wissen gerecht zu werden und ihre Aufgaben nach dem neusten Know-how zu erledigen.[3]

[3] Bauman hat an anderer Stelle sehr ausführlich beschrieben, wie dieses Know-how z.B. in der Medizin zu immer noch ‚größerem' Know-how führt, das schon allein wegen seiner Existenz benutzt werden muß und zu immer noch 'schlimmeren' Krankheiten verweist, so daß

Für diejenigen, die nicht über das Wissen verfügen, bedeutet verantwortliches Handeln dann, den Rat der ExpertInnen zu befolgen. Der ganze Prozeß ist dadurch geprägt, daß individuelle Verantwortung in die abstrakte Autorität des (technischen und humanwissenschaftlichen) Wissens übergeht (vgl. Foucault 1977). Dabei muß man berücksichtigen, daß Expertensysteme nicht mehr so sehr die Massen beherrschen, sondern durch das Anwachsen der Informations- und Kommunikationsstrukturen die Massen *sind*. Immer mehr Menschen sind in den Expertensystemen tätig (vgl. Lash 1996: 283).

Abschließend läßt sich zusammenfassen, daß es eher unwahrscheinlich ist, daß moralisches Verhalten eine Funktion von Gesellschaft ist, daß gesellschaftliche Institutionen und Organisationen (z.B. Gruppen) moralisches Verhalten absichern und unmoralisches Verhalten eine Fehlfunktion ‚normaler' sozialer Strukturen ist. Im Gegenteil: Man sieht nun, daß bestimmte Aspekte moderner gesellschaftlicher Organisationen und Ordnungen die Wirkungen des Angesicht-zu-Angesicht mit dem außer-ordentlichen Anderen eher schwächen können, „so daß man sagen kann, daß Gesellschaft unmoralisches Verhalten eher wahrscheinlicher macht als unwahrscheinlicher."(Bauman 1992: 213)

Es wurde erörtert, welche Mechanismen für die gesellschaftliche Manipulation von Moral eine starke Rolle spielen: die sozial erzeugte Distanz (sei die Bürokratie oder Kategorisierungen, die eine geistige Distanz schaffen), die Verantwortung für den/ die AndereN schwächt und verblassen läßt; moralische Verantwortung wird durch technische ausgetauscht („daran ist der Automat oder der Computer schuld"); eine wesentliche Rolle spielt auch die Praxis der (gesellschaftlichen) Isolierung und Selektion (Stichwort: „Asylantenschiff"), die eine Adiaphorisierung oder Gleichgültigkeit gegenüber dem Schicksal der Anderen fördert und den moralischen Impuls ins Nichts

---

ein typischer Prozeß entsteht, der immer wieder neues Know-how produziert mit dem wiederum ‚neue' Krankheiten gefunden werden können und so weiter, gleichsam einer Spirale nach oben oder einer Verweisung, die wiederum weiter verweist. Ebenso beschreibt er, wie durch diese Entwicklung die Ungleichheiten in der Postmoderne zunehmen: „Die von der fortschreitenden Medizin eröffneten verlockenden Aussichten auf ein durch den 'Stand der ärztlichen Kunst' definiertes Überleben werden immer selektiver – gesellschaftlich selektiver. Implizit oder explizit sind die von der Medizin angebotenen Überlebensbedingungen eine Zurückweisung der Solidarität. Werden sie zur Lebenspolitik erhoben, zerstören sie jede Gemeinschaftlichkeit."(Bauman 1994) Nur noch wenige haben Zutritt zu dem neusten medizinischen Know-how, sofern sie überhaupt ins Krankenhaus hereingelassen werden.

pulsieren läßt; ebenso kann der Nationalstaat oder eine Gemeinschaft eine Rolle spielen, wenn diese die absolute ethische Autorität verkörpern oder an sich reißen.

Dadurch, daß diese Mechanismen heutzutage durch zunehmende Rationalisierung, Bürokratisierung, Globalisierung, durch den Ruf nach „innerer Sicherheit" durch die Konsummeilen und durch die Konsumgesellschaft eher mehr als weniger werden und gesellschaftliche Norm gegenüber moralischem Fürsein zunimmt, bedeutet moralisch zu handeln vielfach,

> „eine von der Macht *und* der Allgemeinheit (sei diese aktiv oder eine 'schweigende Mehrheit') als antisozial oder subversiv definierte Haltung einzunehmen. Moralisches Verhalten heißt unter diesen Bedingungen, sich gesellschaftlicher Autorität zu widersetzen und deren Umklammerung zu durchbrechen. Moralische Pflicht muß sich aus ihrer ursprünglichen Quelle speisen: der fundamentalen Verantwortung für den Anderen."(Bauman 1992: 214)

8 Postmoderne Ethik und Sozialität

> „Ich appelliere an kein ‚Wir' – an keines der ‚Wirs', deren Konsensus, deren Werte, deren Traditionen das Rahmenwerk für einen Gedanken herstellen und die Bedingungen bestimmen, unter denen er für gültig erklärt werden kann. Das Problem besteht vielmehr genau darin, zu entscheiden, ob es wirklich nützlich ist, sich in einem ‚Wir' zu plazieren, um die Grundsätze, die man billigt, und die Werte, die man anerkennt, durchzusetzen; oder ob es nicht vielleicht nötig ist, die Frage ausführlicher zu bedenken und damit die zukünftige Formierung eines ‚Wir' zu ermöglichen."(Foucault 1984: 385)

Worauf stützt sich Moral? Kann das Urteilen selbst ausgelöscht werden? Wo sind die Quellen der Moral? Diese Fragen gaben anfangs dieser Arbeit ihren entscheidenden Impetus. Dabei wurde die gerechtfertigte Kritik am individualistischen (Neo-)Liberalismus aus der Sichtweise der KommunitarierInnen und insbesondere eine kommunitaristische Ethik betrachtet, wie sie MacIntyre präsentiert hat. Aus einer Sichtweise, die vom Denken Lévinas' geprägt und durchdrungen ist, konnte eine Kritik an dieser kommunitaristischen Ethik formuliert und die Spur einer Postmodernen Ethik offen gelegt werden. Diese Spur selbst wurde einer kritischen Analyse von Birgit Rommelspacher unterworfen, die zum einen den *postmodernen* Charakter und die politischen Implikationen einer postmodernen Sichtweise vertiefen ließ, als auch zum anderen dahin führte, eine Verwandtschaft mit der Dekonstruktion zu erkennen.[1] Es war vor allem ein Anliegen dieser Arbeit, Lévinas' Denk-Bewegungen dem Leser als auch der Leserin näher zu bringen und diese Bewegungen hin zum anderen Menschen mit soziologischen Fragestellungen zu untermauern. Wie eine Moral des Fürseins manipuliert werden kann, ist dabei gerade eine Frage, die für SoziologInnen zu denken geben muß, insbesondere dadurch, daß Moralität ein Moment ist, der immer mehr

[1] Die Übereinstimmungen lassen sich u.a. in dem Buch „The Ethics of Deconstruction. Derrida and Lévinas." (1992) von Simon Critchley noch veranschaulichen.

als einen Menschen einschließt. Eine Bewegung, die dieser Manipulation erfolgreich entgegentreten kann, ist die Bewegung der Dekonstruktion. Wenn man so will, bilden die soziologischen Analysen von Ausgrenzungspraktiken und Manipulationen der moralischen Begegnung, die Dekonstruktion und Lévinas'sches Fürsein einen partiellen Knotenpunkt in dieser Arbeit. Am Ende dieses Essays sollen diese Knoten (Deleuze und Guattari würden vielleicht von Verdichtung eines Rhizoms in Knollen und Knötchen sprechen, vgl. Deleuze/ Guattari 1977: 11), die zu einem Anfangspunkt dieser Arbeit zurückkehren, aufgenommen werden: Ausgehend von einer Kritik am heutigen Individualismus, wie man sie von der kommunitaristischen Debatte her kennt, kann man aufzeigen, inwiefern eine Postmoderne Ethik mit dem Aspekt von Sozialität zu verbinden ist. Im folgenden soll eine Neukonzeptionalisierung der Postmodernen Ethik favorisiert werden, die versucht, den Gemeinschaftsaspekt bzw. die Sozialität[2] näher in ihre Mitte zu rücken, gerade weil dort eine Möglichkeit des Widerstands gegen entsolidarisierende Prozesse besteht.

Durch das Verschwinden kommunaler Mechanismen sozialer Ordnung im Zuge der Individualisierung ist die Möglichkeit der Selbstbestimmung und Solidarität auf unterster Ebene nicht mehr gegeben. Das staatliche Gewaltmonopol als auch die ökonomischen Kräfte können somit wesentlich einfacher eine ganz andere gesamtgesellschaftliche Ordnung installieren, die einerseits zunehmend entmachtend wirkt, als auch noch weiter von der Verantwortung für den anderen Menschen entfernt. Diese Situation eröffnet jedoch die Chance, „zu erkennen, zu akzeptieren und Übereinstimmung darüber zu erzielen, daß individuelle Freiheit durch individuelle Anstrengungen allein nicht wirklich zu erlangen ist: damit einige sie sich sichern und genie-

[2]Die Frage, warum der Begriff der „Sozialität“ benutzt wird, kann mit folgenden Zitaten erläutert werden: „Ich möchte einen engeren Begriff als ‚Gesellschaft‘ finden. In Frankreich gibt es das Wort socialité.“(Lévinas 1989: 144) und Bauman schreibt: „Aber auch die machtgestützte, in Gesetzeswerken verankerte Ethik hat, wiederum gegenteiligen Versprechungen zum Trotz, bei der Erhaltung dieser Gemeinschaft [gemeint ist: die moralische Gemeinschaft; S.M.] auf spektakuläre Weise versagt – und wir wissen jetzt, daß sie die Gemeinschaft auch in Zukunft schwerlich wird retten können. Und so bleibt uns kaum etwas anderes übrig, als unser Heil dort zu suchen, wo die letzte Chance der moralischen Gemeinschaft [...] Zuflucht gefunden hat: in der moralischen Fähigkeit des Ichs statt in den gesetzgeberischen und politischen Fähigkeiten überindividueller Mächte; in dem wunderbaren Geschenk der Soziierung statt in der erzwungenen Begabung der Sozialisation. Das – warnt man uns - - könnte der Weg zur Hölle sein. Aber es kann auch die Entdeckungsreise des moralischen Menschen zu sich selbst sein.“(Bauman 1995f: 300)

ßen können, muß etwas für die Möglichkeit getan werden, daß alle in ihren sicheren Genuß kommen können; und genau diese Aufgabe können freie Individuen nur gemeinschaftlich und über ihre gemeinsame Errungenschaft angehen: die politische Gemeinschaft."(Bauman 1999: 367)

Der Widerstand, der sich aus der Sozialität speist, würde sich eher einer Politik zuordnen, die sich stets unabhängig zeigt und die sich der Einsicht verschreibt, daß sich

> „eine Idee von Gemeinschaft weniger um ein gemeinsames Gut, um eine universale Übereinkunft und einen unverlierbaren Bestand als um das genaue Verzeichnis der Brüche, Verluste und Schadstellen kristallisiert; einer Politik, die einen letzten pathetischen Rest aufs Spiel setzt und ihren Kosmopolitismus nicht im Weltmarkt der Welt-Bürger, sondern in der Gemeinsamkeit all der Fremden, der Flüchtlinge, Heimatlosen, Immigranten und Asylanten aufsucht; einer Politik schließlich, die in kein gemeinsames – deutsches, europäisches, westliches – Haus einziehen will, sondern sich als Instandsetzung einer bloßen Baustelle versteht."(Vogl 1994: 25)

Bei einer Neukonzeptionalisierung der Postmodernen Ethik und ihres Bezugs zu Sozialität soll es deshalb nicht darum gehen, die oben aufgeworfenen Kritikpunkte am kommunitaristischen Diskurs einfach wieder fallen zu lassen, sondern um ein Plädoyer, die Seinsmöglichkeit des Lévinas'schen Für-Seins innerhalb gegebener oder gewählter Gemeinschaften zu stärken bzw. die Möglichkeiten der Manipulation solchen Für-Seins innerhalb als auch an den Rändern dieser Gemeinschaften zu schwächen.

Gemeinschaften sind nicht einfach statische oder feste Formen, die bar jeglicher sozialen Dynamik oder „Lebens" sind. Sie sind prozeßhaft und können in der Wiederholung verändert, umgeformt oder neu aufgebaut werden.

Dies kann und sollte einerseits durch hermeneutische Typen von Reflexivität geschehen, wie sie beispielsweise Scott Lash herausgearbeitet hat (vgl. Lash 1996) und andererseits –im Gegensatz zu Lash – durch Dekonstruktion und Ermöglichung der Begegnung mit dem anderen Menschen als Antlitz, wie es uns die Postmoderne Ethik nahelegt.

Es ist nicht von der Hand zu weisen, daß sich jener Prozeß verstärkt hat, den man für gewöhnlich als Atomisierung der Gesellschaft bezeichnen. Und es ist auch nicht von der Hand zu weisen, daß die neoliberalistischen Tendenzen diese Atomisierung stützen und immer mehr ein individualistischer

„Ego-Trip“ gelebt wird, der das ‘wahre’ Selbst sucht, dessen Leere mit psychokulturellen „Identi-kits und Lebensstil-symbolen“(Bauman 1995c: 250), vorgefertigten Identitätspositionen, esoterischen Versprechungen oder fundamentalistischen Endgültigkeiten gefüllt wird. In diesem Sinne sind „alle Verhältnisse zum anderen [. . .] so schließlich nur Stationen des Weges, auf dem das Ich zu sich selber kommt: mag es sich den anderen im letzten Grund gleichfühlen, weil es sich und seinen Kräften alleinstehend noch dieses Bewußtseins bedarf; sei es, daß es der Einsamkeit seiner Qualität gewachsen ist und die Vielen eigentlich nur da sind, damit jeder Einzelne an den Anderen seine Unvergleichbarkeit und die Individualität seiner Welt ermessen könne.“(Simmel 1984:216)

Diese gesellschaftliche Entwicklung hat einen starken ideologisch-ökonomischen Motor auf ihrer Seite, dessen Steuerungsprinzip in erster Linie der Kapitalismus bzw. Neoliberalismus ist, der sozialdarwinistisch auf Konkurrenz und individuelle Leistung pocht und gerade dadurch eine ich- zentrierte Vermarktung der Personen fördert. Solidarität ist das, was im Betrieb der KonsumentInnen, aber auch in den bürokratisch verwalteten und politischen Systemen auf der Strecke bleibt.

Die Leere wird dann ebenso privat sein wie das Leben. „Es sei denn, ich verändere all dies und dränge die anderen ebenso entschieden *für mich zu sein*, wie ich mich weigerte, *für sie zu sein*, und ebenso unerschütterlich, wie ich abweisend war.“(Bauman 1994: 73)

Um die Sozialität (und damit auch Solidarität und Widerstand gegen die zunehmende Polarisierung in KonsumentInnen und Unterdrückte, vgl. Bauman 1999: 64f) wieder zu fördern, bedarf es einer Öffnung und Stärkung des Mitseins bzw. des Seins-in- Gemeinschaft und der Seinsmöglichkeit des Fürseins. Und dies bedeutet auch und vor allem eine Stärkung der *Gastlichkeit*, um einen Terminus von Lévinas zu benutzen:

> „[. . .] Der Andere soll unabhängig von seinen Eigenschaften empfangen werden, doch er [Lévinas, S.M.] legte genauen Wert auf das Wort ‚empfangen‘, und dabei vor allem auf ‚unmittelbar‘, dringlich, ohne zu zögern, so als ob die Eigenschaften, Attribute, ‚realen‘ Eigenarten (alles, was bewirkt, daß ein Lebewesen kein ‚Phantom‘ ist) die Reinheit des Empfangens verlangsamen, mediatisieren oder kompromittieren könnten. Man soll den Anderen in seiner Andersheit empfangen, ohne abzuwarten, sich also nicht damit aufhalten, erst seine realen Prädikate zu erkennen. Noch vor deren Wahrnehmung muß der Andere

> aufgenommen werden, auch auf die stets beunruhigende, seltsam beunruhigende – beunruhigend wie der Fremde (*unheimlich*) – Gefahr einer Gastlichkeit hin, die dem Gast wie einem *ghost* oder *Geist* gewährt wird."(Derrida 1999: 140f)

Die folgende Neukonzeptionalisierung und Argumentation unterteilt sich hauptsächlich in drei Ebenen, die jedoch lediglich systematisch trennbar sind. Die erste richtet sich gegen eine liberalistische Hypothese eines kontextlosen, ‚präsozialen' und ungebundenen Selbst. Dies soll im wesentlichen durch die Existentialontologie von Martin Heidegger aufgezeigt werden, insbesondere durch die Beschreibung des Existentials des *Mitseins*. Mitsein bzw. In-Gemeinschaft-Sein kann als ein existentialer Modus unseres In-der-Welt-Seins verstanden werden. Ferner soll behauptet werden, Intersubjektivität und Verantwortung bedingen sich einander; erst auf ihrem Hintergrund läßt sich der Gedanke individueller (Handlungs-)Freiheit verstehen. Daran schließt sich die zweite Ebene an, die beschreibt, in welchen unterschiedlichen Möglichkeiten dieses Mitsein gelebt werden kann. Dabei sollen insbesondere zwei *Seinsmöglichkeiten des Mitseins* betrachtet werden: die eine Möglichkeit ist die mittelbare, in der das Mitsein hauptsächlich durch Verträge, Normen, Regeln, Tradition und Formen des *Man* geprägt ist. Die andere Seinsmöglichkeit ist die unmittelbare, die außer-ordentliche, in der der andere Menschen wieder als Antlitz begegnet: die Seinsmöglichkeit des *Fürseins*.

Noch einmal sei hervorgehoben, daß die hier vorgenommenen Trennungen lediglich systematisch sind: so kann es beispielsweise in Gemeinschaften, die ihre moralischen Codes aus der Modalität der Tradition schöpfen, auch (verantwortliche) Begegnungen des anderen Menschen als Antlitz geben (aber nicht unbedingt wegen einer Befolgung traditionaler Norm).

Vielleicht bedarf es wieder mehr einer Betonung des Fürseins, da die andere Modalität Mechanismen (vgl. Kapitel 7) bereithält, die das Antlitz des/ der Anderen und somit auch die Solidarität zerstören.

> „[. . .] der einzige Raum, in dem moralisches Handeln stattfinden kann, [ist] der soziale Raum des Mit-seins. Ein Raum, der dem ständigen Prozeß kognitiver, ästhetischer und moralischer Raumverteilung bis zur Erschütterung ausgesetzt ist. In diesem Raum muß die Möglichkeit, auf die Stimme moralischer Verantwortung zu hören, *geschützt* oder *wiederentdeckt* oder *neu hergestellt* werden."(Bauman 1995a: 276f)

Die dritte Ebene verweist auf eine *handlungstheoretische* Dimension; d.h., es sollen die Möglichkeiten betrachtet werden, gegebene und gewählte Gemeinschaften zu verändern oder an andere anzuknüpfen. Am Ende eröffnet sich vielleicht der Horizont, der die Notwendigkeit einer Verknüpfung von Sozialität und Postmoderner Ethik aufzeigt.

8.1 Mitsein

> „Der Andere ist anwesend in einem kulturellen Ganzen und wird durch diesen Zusammenhang erklärt, so, wie ein Text durch seinen Kontext."(Lévinas 1989: 39)

Zunächst zu Heidegger und seiner Fundamentalontologie von „Sein und Zeit" (1993): Im vierten Kapitel mit dem Titel „Das In-der-Welt-sein als Mit- und Selbstsein. Das ‚Man'" (§25-27) behandelt Heidegger die intersubjektive Struktur des Daseins. Die ontologische Struktur des In-der-Weltseins schließt die Begegnung mit einem isolierten Subjekt aus. Vielmehr kann es kein Subjekt ohne die Anderen geben. Zuerst gilt es den Modus des Mitseins ontologisch zu interpretieren. Heidegger hebt zunächst das Begegnen des anderen Daseins von dem Begegnen innerweltlich Seiender ohne daseinsmäßigen Charakter ab. Letzteren begegnet man in der Form des Besorgens von Zuhandenem. Eine solche Begegnung unterscheidet sich von der Begegnung von Anderen mit daseinsmäßigem Charakter:

> „Die Welt des Daseins gibt demnach Seiendes frei, das nicht nur von Zeug und Dingen überhaupt verschieden ist, sondern gemäß seiner Seinsart *als Dasein* selbst in der Weise des In-der-Welt-seins ‚in' der Welt ist, in der es zugleich innerweltlich begegnet. Dieses Seiende ist weder vorhanden noch zuhanden, sondern ist *so, wie* das freigebende Dasein selbst – es ist auch und mit da. [...] ‚Mit' und ‚Auch' sind *existenzial* und nicht kategorial zu verstehen. Auf dem Grunde dieses *mithaften* In-der-Welt-seins ist die Welt schon immer die, die ich mit den Anderen teile. Die Welt des Daseins ist *Mitwelt*. Das In-Sein ist *Mitsein* mit Anderen."(Heidegger 1993: 118)

Wichtig ist, daß Heidegger das Mitsein als eine ontologische Struktur, als Existenzial erfaßt. Selbst wenn kein anderes Dasein vorhanden ist, bleibt dieses Alleinsein ein (defizienter) Modus des Mitseins.

Vielleicht kann man das Mitsein auch folgendermaßen beschreiben: „Wir erscheinen gemeinsam: wir kommen zusammen in die Welt. [...] Es gibt kein Zur-Welt- Kommen, das nicht grundsätzlich gemeinsam wäre. Das ‚Gemeine' schlechthin. Zur-Welt- Kommen = Sein in der Gemeinschaft."(Nancy 1994: 170)[3]

Aber, so kann man sich fragen, mutet die Rede vom existenzialen Mitsein nicht etwas leer an? Ist das nicht immer schon bewußt gewesen, daß Menschwerdung bedeutet, *mit* anderen zu sein?

Um diese Fragen zu beantworten, lohnt es sich, genau den Zusammenhang anzusehen und an welcher Stelle sich die Daseinsanalytik mit dem Mitsein befaßt. Die Phänomenologie des Daseins von Heidegger wendet sich dem Mitsein im Rahmen der Aufdeckung der Alltäglichkeit des Daseins zu, und zwar an jener Stelle, wo nach dem Wer des alltäglichen Daseins geforscht wird. Von der Möglichkeit, auf das Subjekt als isoliertes Ich hinzuweisen, setzt sich die Daseinsanalytik polemisch ab. Wenn Heidegger auf das Mitsein insistiert, so deshalb, weil er die Subjektivität von Anfang an gesellschaftlich auslegt, und zwar so radikal, daß er die Gesellschaftlichkeit des Menschen als dessen Sein mitkonstituierend auffaßt (vgl. Heidegger 1993: §26: 118ff). Diese Auffassung wendet sich gegen die Tendenz, das Ich als „bloßes Subjekt ohne Welt" und ohne Andere zu interpretieren. Und sie betont Mitsein als den Ort, an dem das Antlitz des absolut anderen Menschen empfangen wird. Vor-ursprünglichkeit des Mitseins vor dem Fürsein? Nein, Für- und Mitsein kann als gleichursprünglich angesehen werden – mithin ein Produkt der *différance*. Dies bedeutet, der Andere ist immer auch in einem Kontext mit den Dritten, die die anderen Anderen bilden. Dabei bilden die Dritten nicht eine Vermittlungsinstanz, die dem Selbem und Anderem übergeordnet wäre. Wenn man den Dritten als übergeordente Ordnung begreifen würde, von der aus sich der Selbe und der Andere begegnen, würde man die Frage nach dem Anderen des vermittelnden Dritten übergehen. Dann wäre das konstitutive Außen bzw. der Andere des Dritten wiederum in eine Identität oder Ordnung aufgehoben. Vielmehr sind die Dritten indirekte Andere, die auch einen Mitanspruch erheben. Hier gelangt man freilich an eine ethische Ambivalenz: Wenn man gegenüber dem An-

[3]In diesem Sinne könnte dem Begriff „Kommunismus" wieder eine Bedeutung zukommen: „'Kommunismus' bedeutet vielmehr, daß das *Sein* gemeinschaftlich ist – das auszudrücken ist sein *Wille*, und er hat seine ganze Kraft darauf verwandt, *dies* immer wieder zu sagen, hinauszuschreien, zu verbreiten, zu verkünden [...]. Kommunismus bedeutet, daß wir, sofern wir überhaupt ‚sind', in der Gemeinschaft sind. *Daß wir gemeinschaftlich sind.*"(Nancy 1994: 176)

deren antwortet, vernachlässigt man den Nächsten des Anderen. Die Dritten bilden jedoch eine Ordnungsinstanz des Mitseins zu der der Überschuß des Anderen steht.

Die Kritik von Lévinas an dem Heidegger'schen Mitsein aus Kapitel 3 bleibt wesentlich bestehen. Mitsein kann die nicht-reziproke Beziehung zum /zur überschüssigen Anderen nicht erfassen:

> „Heidegger hat nur knapp verfehlt, was er suchte: das, was in der Moderne nicht modern ist, und das, was im Abendland nicht abendländisch ist. Und diese Verfehlung hat seine Verbindung zum Nazismus und sein Schweigen über die Shoah ermöglicht. Zu griechisch und zu christlich, zumindest in dem Sinne, wie das Christliche mit dem Heidnischen (durch die Inkarnation) kompatibel ist, hat sein Widerstand am Ende nur das Sein gefunden und nicht den Anderen."(Lyotard 1998: 102)

Verfehlung des anderen Menschen. Verbergung des Antlitzes. Entbergung des Antlitzes. Diese Topoi sollen im weiteren angesprochen werden.

8.2 Auf Spurensuche im Mitsein

Die „Geworfenheit des Seins" bedeutet, in einem gesellschaftlichen Rahmen zu leben, dessen (zweckrationale) Systemhaftigkeit zugenommen hat, bis in unsere Lebenswelt hinein.[4] An vorangegangener Stelle wurde schon auf verschiedene gesellschaftliche Sphären, wie Staat, Verwaltung, Expertensysteme, Bürokratie, Technokratie und Ökonomie hingewiesen. Dabei wurde deutlich, wie sehr diese Institutionen zwischenmenschliche Moralität und Fürsein manipulieren können (vgl. Kapitel 7). Die vorliegende Analyse machte sich auf den Weg, einerseits der Objektivierung der Menschen

[4] Auch wenn Habermas mit dieser analytischen Scharfsinnigkeit beim Beschreiben von Gesellschaft große Anerkennung verdient, so muß man doch getrennte Wege von ihm gehen und dies vor allem in zweierlei Hinsicht: erstens mag man sich hüten, das Projekt der Moderne rational zu vollenden und zweitens kann man seiner Kritik an Derrida und der Dekonstruktion nicht folgen. Es fragt sich nämlich, ob Habermas in seinem „philosophischen Diskurs der Moderne"(1995) überhaupt annähernd begreift, was seine „Feinde" aus Frankreich vermitteln wollen. Derrida schreibt dazu folgendes: „Habermas sagt irgendwo, für mich seien alle Kühe im Bereich der Schrift schwarz. Aber im Gegenteil, nicht wahr, was ich ‚Schrift' nenne, ist der Begriff einer *différance*, die erfolgt, um gerade die Verwirrung zu vermeiden, deren mich Habermas beschuldigt und die ich dagegen im globalen Begriff von *der* Philosophie oder im globalen Begriff von *der* Literatur bedrohlicher finde."(Derrida 1986: 30; vgl. dazu auch: Kimmerle 1992) Anders ergeht es Habermas übrigens auch nicht mit seiner Kritik an Michel Foucault (vgl. Schäfer 1995).

(z.B. in Nummern, Kategorien etc.) entgegenzutreten und andererseits verschiedene Handlungsabläufe (z.B. teleologische, mediatisierende etc.) zu kritisieren. Dabei könnte im weiteren folgender Leitsatz der Kritik – jenseits der Argumentation von der Notwendigkeit der Sichtbarmachung des Antlitzes – nützlich sein: „Als erste Definition der Kritik schlage ich also die allgemeine Charakterisierung vor: die Kunst, nicht dermaßen regiert zu werden."(Foucault 1992: 12)

Die mikrosoziale Ebene der Lebenswelt, die in Wechselwirkung zu obigen Systemen bzw. Institutionen zu begreifen ist, ist die Welt der Öffentlichkeit, der Gemeinschaft und der Privatsphäre. Zunächst zu Öffentlichkeit:

Als Man-selbst (vgl. Heidegger 1927: 126) übernimmt der/ die Einzelne die Entscheide und Urteile der Öffentlichkeit nicht in der Meinung, er habe persönlich für sie einzustehen. Er/ sie geht eher davon aus, jemand anderes trägt die Verantwortung. Die Verantwortung kann an die Allgemeinheit abgeschoben werden. Öffentlichkeit, so wenig maqn ihr auch entrinnen kann und soll, bewahrt immer diese adiaphorisierende Möglichkeit, Verantwortung abzugeben. Dabei wird sich Sicherheit um den Preis der Freiheit erkauft, der Freiheit, anders zu handeln und als einzigeR die Verantwortung für den anderen Menschen zu tragen. Sanktionen aller Art erschweren die Umgehung der Normen und erwecken den Anschein, die gegebenen Normen seien gerechtfertigt. Aber nicht nur das: durch ständige performative Iteration der Normen und deren Inkorporation können diese sogar nach gewisser Zeit als natürlich angesehen werden (vgl. Butler 1997). Den konstruierten und konstituierten Charakter dieser Normen in dekonstruktivistischer Praxis offen zu legen, ist eine chancenreiche Ermöglichung, denjenigen Menschen wieder als Antlitz zu begegnen, die zuvor von diesen Normen ausgeschlossen wurden; den Menschen zu empfangen, dessen Antlitz durch diese Normen verschwunden ist. Auflehnung gegen die geborgene Öffentlichkeit zur Entbergung des Antlitzes. Epiphanie des Antlitzes durch Dekonstruktion.

Die Praxis der Dekonstruktion hilft dabei, noch einer anderen Art der Auslöschung des Antlitzes entgegenzutreten. Die Kategorisierung, Klassifizierung und Zuschreibung von Identitätsposition(en) sind wohl eine Reihe der getarntesten Ausgrenzungsmechanismen, da sie z.T. auf produktiver Macht basieren. Handlungen zielen dann eher auf spezifische Charakterzüge oder Identitätspositionen als auf die Personen selbst und umgehen oder vermeiden gänzlich den Moment der Begegnung des/ der Anderen als unendlich AndereN. Identitätspositionen verdecken gerade die absolute Andersheit, da sie suggerieren, man sei mit manchen gleicher als mit anderen. Es ist von entscheidender Bedeutung für die Begegnung von Angesicht-zu-Angesicht, ob man jemanden als Identitätsposition empfängt, oder ob man den anderen Menschen als Antlitz begegnet – noch vor jeder Thematisierung: „Aufmerksamkeit auf das Wort oder Empfang des Antlitzes, Gastlichkeit und nicht Thematisierung."(Lévinas 1987: 434)

Dies gilt auch im besonderen Maße für Gemeinschaften, die sich über eine gemeinsame Identität definieren. Dort kann es dahin kommen, daß nur denjenigen Personen moralisches Handeln gegenübertritt, die die gleiche Identitätsposition aufweisen. Dabei ist auch entscheidend, wer eigentlich die Dazugehörigkeit zu einer Identität festlegt.[5]

Für den vorliegenden Kontext ist jedoch wichtig, daß beachtet wird, daß eine Praxis der Dekonstruktion von Identitäten die Möglichkeit eröffnet, diese nicht als natürlich anzusehen und man sich auf diese Weise einer Gastlichkeit des anderen Menschen in seiner/ ihrer unendlichen Andersheit öffnen kann.

In-Gemeinschaft-sein kann sowohl in einer gegeben-Gemeinschaft- als auch in freiwillig-gewählten-Gemeinschaften-sein bedeuten. Allzuoft wird in der Debatte um den Kommunitarismus herum eine absolute Unterscheidung zwischen diesen beiden Formen der Gemeinschaftlichkeit gezogen (vgl. Friedman 1994). Dabei werden freiwillige und unfreiwillige Gemeinschaften nicht als komplementär, sondern als Alternativen verstanden. Der Fehlschluß dieser Trennung besteht in mehreren Punkten. Erstens kann man sich beispielsweise nicht aussuchen, in welche Familie man hineingeboren wird; d.h. man ist immer schon in einer gegeben Gemeinschaft situiert und konstituiert (vgl. auch das oben angesprochene Mitsein). Zweitens ist die Möglichkeit, eine Gemeinschaft freiwillig zu wählen, nicht allen Menschen zugänglich. Sie hängt in zunehmenden Maße von den sozialen, materiellen und kulturellen Potentialen der Subjekte (vgl. Bourdieu 1983) als auch von den staatlichen Vorgaben bzw. Verhinderungen ab. Die Vorstellung, man könnte immer eine Gemeinschaft freiwillig wählen, überschätzt die Möglichkeiten vieler ausgegrenzter Individuen und unterschätzt andererseits die Vorteile gegebener Gemeinschaften.

[5]Hier sei auf Judith Butler verwiesen, die die Ausschlußpraktiken von Identität auf hervorragende Weise beschreibt. (Vgl. Butler 1991; 1997)

Hinsichtlich der Argumentation dieser Arbeit wird eine scharfe Trennung bzw. die Frage, ob man lieber die eine oder die andere Form dieser Gemeinschaftsformen wählen sollte, ohnehin hinfällig. Beide Arten und Weisen, Mitsein zu leben, sind wichtig. Aber es kommt auch bei beiden darauf an, inwieweit sie durch das Fürsein und die Öffnung zum/ zur Anderen geprägt sind. Fürsein könnte demnach auch bedeuten, patriarchale Verhaltensmuster in der Familie (und man sollte sich keinen Illusionen hingeben – patriarchale Denk-, Wahrnehmungs- und Verhaltensmuster gibt es auch in freiwillig gewählten Gemeinschaften) etwas entgegenzusetzen, diese offenzulegen und zu verändern. Dies ist natürlich nicht nur eine Aufgabe, die in den Gemeinschaften anfällt, sondern auch eine dringende Aufgabe innerhalb der makrosozialen Strukturen. Begegnung des/ der Anderen noch vor jeglicher Thematisierung als sexuelle oder vergeschlechtlichte Identität. Absolute Andersheit und Verantwortung als Horizont, die Freiheit des/ der Anderen zu ermöglichen. Idee der Gerechtigkeit als Horizont dekonstruktivistischer Praxis innerhalb jeglicher Form von Gemeinschaft.

Es kommt demnach nicht so sehr darauf an, zwischen gegebener und freiwilliger Gemeinschaft zu wählen, sondern es wird vielleicht von entscheidender Bedeutung sein, inwieweit man der Verantwortung für den anderen Menschen in diesen beiden Seinsmöglichkeiten des Mitseins Rechnung trägt.

Verantwortung kann u.a. auch bedeuten, Formen von Sittlichkeit und Traditionalität innerhalb der Gemeinschaften reflexiv zu befragen[6] und bewußt zu machen, daß diese Traditionen nur durch ihre ständige performative Wiederholung und Zitierung weiterleben und somit auch veränderbar sind. Veränderbar zugunsten derer, die möglicherweise von ihnen ausgeschlossen oder unterdrückt werden. Der erste Schritt dazu ist eine Entnaturalisierung von Traditionalitäten. Vor allem die Berufung auf ein überpolitisches Niveau von Legitimität im Sinne von Tradition stattet die Gemeinschaft mit einer

[6] Reflexivität bedeutet in dieser Hinsicht

1. strukturelle Reflexivität, d.h. eine Reflektion der gemeinschaftlichen bzw. gesellschaftlichen Struktur über die Regeln eben dieser Struktur, also über die sozialen Existenzbedingungen der Handelnden. Genauer: Eine kritische Reflektion von Gemeinschaftlichkeit als soziale Lebensform, eine Kritik des Allgemeinen durch das Besondere.

2. Selbstreflexivität: die Handelnden reflektieren über sich selbst und ihre Stellung innerhalb der Gemeinschaft (vgl. Lash 1996b: 197-209).

erschlichenen höheren und transzendentalen Legitimität aus. Eine „mystische" oder grundlose Legitimität, die die Tradition und die gemeinschaftlichen Werte über die Subjekte und über die Antlitze stellt.

Auch innerhalb von Gemeinschaften begegnet man einer Heterogenität unterschiedlicher Sprachspiele und man sollte sich davor bewahren, diese z.B. durch Tradition zu homogenisieren. Deswegen kann man sich fragen (nicht mehr aber auch nicht weniger), ob nicht lieber Unterschiede und Spannungen erhalten werden sollten, als auf bestimmte homogenisierende Normen und Ideale (wie sie uns auch Traditionen bereithalten) zu insistieren. Dabei muß man jedoch jenseits der Reflexivität ansetzen: „Reflexives Denken ist schon als Methode nicht in der Lage, diese Spannungen aufzulösen, sondern nur sie wahrzunehmen und darzustellen."(Reese-Schäfer 1997: 484)

Wie wichtig auch dieser Prozeß der (hermeneutischen und kognitiven) Reflexivität sein mag, er ersetzt nicht die notwendige Praxis der Dekonstruktion, die z.B. in der Entnaturalisierung von traditionalen Normen ihren Ausdruck findet. Warum sollte der Weg zu Gemeinschaftlichkeit denn nur in der Aufdeckung geteilter Bedeutungen bestehen und nicht auch in der ständigen Problematisierung der Signifikanten, zugunsten derer, die von diesen geteilten Bedeutungen ausgeschlossen sind?

Die beschriebenen Merkmale von Mitsein und deren Mechanismen zur Auslöschung des Antlitzes mögen wie ein Horrorszenario klingen. Deshalb soll hier noch einmal betont werden: Das Wunder, dem anderen Menschen als Antlitz zu begegnen und zu empfangen, findet alltäglich auch innerhalb dieser Formen von Mitsein statt. Es führt jedoch als Überschuß oft genug zu einem Bereich *jenseits* dieser Formen *in* diesen Formen. Aber – und das ist von entscheidender Bedeutung – dies genügt vielleicht nicht. Ist dies der Fall, kann man durch eine Analyse der Mechanismen, die nur allzu oft den Empfang, die Gastlichkeit und die Nähe des anderen Menschen verhindern und manipulieren, dem Fürsein eine Spur bereiten, auf der es sich ausbreiten und neue Spuren hinterlassen kann. Man kann zeigen, wie sich Anderes der Ordnung entzieht. Seien dies Holzwege oder am Anfang nur Trampelpfade, vielleicht auch nur Spuren im Sand, die allzu leicht davon bedroht sind, zu verwischen.

8.3 Fürsein und Gastlichkeit – die Spur weiter ziehen

„Die Chance auf ein menschliches Miteinander hängt allein von den Rechten des Fremden ab, nicht von der Frage, wer – Staat oder Stamm – das Recht habe, darüber zu befinden, wer Fremder sei und wer nicht.“(Bauman 1999: 63)

Die Besonderheit der Beziehung zum anderen Menschen, wie sie Lévinas beschrieben hat, ist nicht eine vom Seinsakt bestimmte Beziehung, sondern ein Bezug weg vom Selben ohne jede Belohnung. Um diese Beziehung zu kennzeichnen, führt Lévinas einen neuen Begriff ein, der die neue Seinsweise des Subjekts kennzeichnet, das für den/ die AndereN Verantwortung übernimmt. Diese Seinsweise ist „Werk“. Ein Werk, eine Liturgie, das ohne Belohnung für das Volk oder für die Gemeinschaft geleistet wird. In dem Begriff des Werkes findet Lévinas den Gegenbegriff zum *Akt*, zur Aktualität des Seins, dem es um die Identifikation von allem mit sich selbst geht. Das Werk ist dagegen eine Bewegung vom Selben weg auf das Andere hin. Das Werk handelt für die Zukunft; ein Sein für das Jenseits des Todes. Das Werk ist der Übergang in die Zeit des anderen Menschen. Eine Orientierung, die nur als Bewegung gesetzt werden kann, „die aus dem Identischen hinausgeht, auf ein Anderes hin, das absolut anders ist. [...] Eine Orientierung, die frei vom Selben zum Anderen geht, ist Werk.“(Lévinas 1989: 33)

In diesem Werk begegnet man wiederum dem *désintéressement*, dem Sich-vom-Sein- Lösen, dem Transzendieren zum anderen Menschen und der Selbst-Unterbrechung. Diese Transzendenz ist der Empfang des/ der Anderen, ist Gastlichkeit. Der Appell des Antlitzes, das Sagen des Antlitzes, auf das man antwortet, bezeugt, „daß das Wesen der Sprache Güte ist oder auch, daß das Wesen der Sprache Freundschaft und Gastlichkeit ist.“(Lévinas 1987: 444)

Der Empfang des/ der Anderen ist eine Offenheit, die sich nicht auf eine unbestimmte Figur des Raumes reduzieren läßt oder auf eine (ekstatische) Offenheit im heideggerschen Sinne. Der Empfang orientiert sich zum anderen Menschen, er bietet die Offenheit dem/der Anderen als AndereR an. Insofern ist man Gastgeber. Ohne Zweifel handelt es sich bei dieser Bewegung um eine Subjektivierung (vgl. Kapitel 3), eine Subjektivität als Gastlichkeit. „Das Subjekt ist ein Gastgeber“. (Lévinas 1987: 434)

Das Subjekt ist aber auch, wie man von Lévinas erfahren kann, eine Geisel.

> „Sich selbst fremd, besessen von den Anderen, un-ruhig, ist das Ich Geisel [...]. Doch diese jenseits aller Passivität auferlegte Verantwortung, von der mich niemand entbinden kann, indem er mich von meiner Unfähigkeit, mich in mir selbst zu verschließen, befreit; diese Verantwortung, der sich das Ich nicht entziehen kann – das Ich, an dessen Stelle der Andere nicht treten kann -, sie bezeichnet so die Einzigkeit des Unersetzbaren. Einzigkeit ohne Innerlichkeit, Ich ohne Ruhe in sich selbst, Geisel für alle, von sich selbst abgebracht in jeder Bewegung, in der es zu sich selbst zurückkehrt – Mensch ohne Identität."(Lévinas 1989: 100f)

Genausowenig wie das „Gastgeber-Sein" ist auch das „Geisel-Sein" ein Attribut des Subjekts, sondern ist Subjektivität des Subjekts. Der Gastgeber ist Geisel (vgl. dazu auch Derrida 1999: 79).

Zurück zur Gastlichkeit. Gastlichkeit, das ist auch Herberge und Asyl. Genau in diesem Begriff und allem was man mit ihm verbinden kann, sei es die Verantwortung für den anderen Menschen oder der Empfang des Antlitzes etc., eröffnet sich vielleicht ein Horizont für ein Anliegen, das Fürsein zu stärken. Mit und durch diesen Begriff kann man sich dahin bewegen, nicht nur innerhalb der Gemeinschaften das Antlitz zu empfangen, sondern auch das Sagen des Antlitzes zu hören, das von außerhalb, als Fremdes kommt.

> „Es ist schlimmer geworden, könnte man sagen, durch die Verbrechen gegen die Gastlichkeit, welche heutzutage von den Eingekerkerten oder von den von einem Konzentrationslager ins nächste Auffanglager, von Grenze zu Grenze Abgeschobenen, hier bei uns oder fern von uns, erlitten werden. (Jawohl, Verbrechen *gegen* die Gastlichkeit, zu unterscheiden vom ‚Gastlichkeitsdelikt', das heute unter diesem Namen von der französischen Rechtsprechung wieder Aktualität geworden ist ganz im Geiste der Dekrete und Verordnungen aus der Zeit zwischen 1938 und 1945, um mit Inhaftierung den zu bestrafen, der einen Ausländer ohne Aufenthaltsgenehmigung bei sich aufnimmt.)"(Derrida 1999: 96f)

Der Wunsch nach Angenommen-Sein und Empfang in der Gemeinschaft, dies kann auch für all die Fremden gelten: „Dem anderen Menschen bei sich Schutz zu geben, die Anwesenheit der Land- und Obdachlosen auf einem so eifersüchtig – so böse – geliebten ‚Boden der Vorfahren' zu dulden – ist dies das Kriterium für das Menschliche? Unbestritten."(Lévinas 1994: 150)

Diese Politik der Freundschaft[7] bzw. diese Politik der Gastlichkeit führt in einen Bereich jenseits des Politischen. *Jenseits des Politischen* meint dabei nicht einen Bereich des Nicht- Politischen. Vielmehr kündigt sich hier eine andere Politik an – eine Politik, die mit einem Frieden beginnt.

> „Was ist Frieden? Was sagen wir, wenn wir ‚Frieden' sagen? Was heißt das, ‚in Frieden leben mit' – mit jemand anderem, einer Gruppe, einem Staat, einer Nation, mit sich selbst wie mit einem anderem? In all diesen Fällen kann man nur mit anderem in Frieden leben. Solange anderes als anderes nicht in irgendeiner Weise in der Epiphanie ‚empfangen' worden ist, im Rückzug oder der Heimsuchung des Antlitzes, macht es keinen Sinn, von Frieden zu reden. Mit dem Selben lebt man nie in Frieden."(Derrida 1999: 111f)

In der Weise wie der Frieden über das rein politische Denken hinausragt, übersteigt das Fürsein das reine Mitsein. Man kann somit nun zu einer *Losung* kommen, die da lautet: *Jenseits des Mitseins (=Fürsein) im Mitsein.* Das, was sich außerhalb des Mitseins identifiziert, das, was über jegliches Mitsein hinausragt (Frieden, Gastlichkeit, Empfang, Verantwortung, Anderer etc.) hat einen konstitutiven Bezug zum Mitsein. Im Fürsein steigt jedoch eine Politik (der Gastlichkeit) empor, die effektiv auch am Rand dieses Rahmens gemeinschaftlicher Interessen und Grenzen anzusiedeln ist und sich diesen entzieht; die Spuren aufzeigt, die von Solidarität zeugen können.

Das Fürsein, d.h., den anderen Menschen als absolut Anderen zu begegnen und für ihn verantwortlich zu sein, gibt die Möglichkeit, aus Normen auszubrechen, die alltäglichen Regeln und Konventionen auf eine andere Art und Weise fortzuschreiben wie zuvor, anders zu zitieren oder deren Performativität zu durchbrechen. Fürsein birgt das Potential, den/ die AndereN jenseits von Identität und Thematisierung[8] zu empfangen – die Anderen

[7]Vgl. Jacques Derrida, 1997 , Politics of Friendship. „Is it possible to open up the ‚come' of a certain democracy which is no longer an insult to the friendship we have striven to think beyond the homo-fraternal and phallogocentric schema? When will be ready for an experience of freedom and equality that is capable of respectfully experiencing that friendship, which would at last be just, just beyond the law, and measured up against its measurelessness?"(Derrida 1997: 306)

[8]Der Nicht-Thematisierbarkeit des/ der Anderen begegnet man auch bei der Bestimmung von Verantwortung. Das Inswerksetzen einer Verantwortung geht jeder theoretischen und thematischen Bestimmung voraus und über sie hinaus. Aber bedarf nicht wenigstens eine politische Aktion einer Thematisierung? „Es scheint im Gegenteil so zu sein, daß gerade das Thema der Thematisierung, das zuweilen phänomenologische Motiv des thematischen

innerhalb der Gemeinschaft als auch die von außerhalb; die Möglichkeit, aus homogenisierenden Gruppen oder naturalisierten Kategorien auszutreten und die absolute Andersheit nicht auf eine Erscheinung im Sinnhorizont zu reduzieren.

Fürsein und der Prozeß der Dekonstruktion eröffnen den Horizont, um entweder gegebene Gemeinschaften permanent zu verändern, Gemeinschaften unmöglich zu machen, an andere Gemeinschaften anzuknüpfen oder neue Gemeinschaften zum Leben zu erwecken. Gemeinschaften, die dann die individuelle Besonderheiten mitdenken, zulassen und die im ständigen Prozeß des (auch rationalen) Dialogs oder Widerstreits stehen, um auf die Gemeinschaft hinzuarbeiten. Mitsein, das immer im Spannungsverhältnis steht zwischen reflexiven, nicht-reflexiven Momenten von Vergemeinschaftung und Momenten der Begegnung mit dem Antlitz des anderen Menschen – zwischen Geschlossenheit und Offenheit.

8.3.1 Fürsein, Sozialität und materielle Ressourcen

Der Ansatz, die Mechanismen der Manipulation offenzulegen und den Prozeß der Dekonstruktion als eine Praxis zur Stärkung des Fürseins hervorzuheben, mag vielleicht vor allem für die Bereiche des Sozialen und der Kultur relevant erscheinen.[9] Da aber soziales Kapital und kulturelles Kapital in wechselseitigem Zusammenhang zu ökonomischem Kapital stehen (vgl. Bourdieu 1983), sollte man sich an dieser Stelle der Problematik stellen, daß moralische Verantwortung auch etwas mit materiellen Ressourcen zu tun hat. In diesem Zusammenhang kann man insbesondere auf den Abbau des Wohlfahrtsstaates eingehen, da sich im Abbau des Sozialstaats und im Aufbau der Konsumgesellschaft „neue“ Andere konstituieren, – diejenigen,

Bewußtseins wenn nicht verworfen, so doch zumindest in seiner Relevanz strikt begrenzt wird durch diese andere Radikalform der Verantwortung, die mich dissymmetrisch dem Blick des Anderen aussetzt und dabei nicht länger meinen Blick - jeweils für das, was mich anblickt oder angeht (*regarder*) - zum Maß aller Dinge macht. Der Begriff der Verantwortung ist einer jener seltsamen Begriffe, die zu denken geben, ohne sich der Thematisierung hinzugeben [...]. Die Ausübung der Verantwortung scheint keine andere Wahl zu lassen als die unbequemste, die es gibt, die des Paradoxons, des Ketzertums und des Geheimnisses. Schwerwiegender noch, sie muß stets die Gefahr der Konversion und der Apostasie in Kauf nehmen: keine Verantwortung ohne den dissidenten und erfinderischen Bruch mit der Tradition, der Autorität, der Orthodoxie, der Regel und der Doktrin.“(Derrida 1994b: 356)

[9] Für eine bestimmte Form von Politik (der Performativität) innerhalb des Sozialen und Kulturellen vgl. auch Butler 1998.

die nicht am ständigen Konsum teilnehmen können und deren Produktivkraft nicht mehr gebraucht wird.

> „Wenn die Einrichtung des Wohlfahrtsstaates einen Versuch darstellte, ökonomische Interessen im Dienst moralischer Verantwortlichkeit zu mobilisieren, werden beim Abbau des Wohlfahrtsstaates ökonomische Interessen als Mittel eingesetzt, politische Überlegungen von moralischen Zwängen zu befreien. Moralische Verantwortung ist einmal mehr etwas, ‚wofür gezahlt werden muß', und daher etwas, das man sich vielleicht sehr wohl ‚gar nicht leisten kann'. Um ein guter Samariter zu sein, braucht man Geld."(Bauman 1995a: 363)

Die Demontage des Wohlfahrtsstaates kann demnach das Fürsein wieder als Sache von Berechnung und Rentabilität einführen, als Kosten- Nutzen-Rechnung, als Luxus, den man sich leisten kann oder nicht. „Der Prozeß läuft unter Eigendynamik und Selbstbeschleunigung: die neue Perspektive führt unweigerlich zu unerbitterlicher Verschlechterung allgemeiner Dienstleistungen (der Qualität des Gesundheitssystems, des Erziehungswesens, der Überreste öffentlichen Wohnungs- und Verkehrswesens), was diejenigen handeln läßt, die sich aus allgemeinen Einrichtungen herauskaufen können – ein Vorgang, der früher oder später bedeuten wird, sich aus allgemeiner Verantwortung herauszukaufen."(Bauman 1995a: 364)

Hinsichtlich der notwendigen Fähigkeit, aus einer Gemeinschaft herauszutreten und eine neue Möglichkeit der Sozialität zu wählen, begegnet man demselben Problem. Die Freiheit der Wahl ist ungleich verteilt. Sie wurde in einer

> „multidimensional stratifizierten Gesellschaft zu einer wichtigen (womöglich der wichtigsten) stratifizierenden Variablen. In der postmodernen Konsumgesellschaft ist das Wählen jedermanns Schicksal, doch die realistischen Wahlmöglichkeiten fallen sehr unterschiedlich aus; dasselbe gilt für die dazu notwendigen Ressourcen. Die individuelle Verantwortung für die Wahl ist gleich verteilt, die individuellen Mittel, um dieser Verpflichtung nachkommen zu können, sind dies nicht. [. . .] Was die liberale Gesellschaft mit der einen Hand gibt, nimmt sie mit der anderen tendenziell zurück; die Pflicht zur Freiheit ohne jene Ressourcen, die eine wirklich freie Wahl erlauben, entspricht bei vielen einem Patentrezept für ein Leben ohne Würde, und um so mehr voller Demütigungen und Selbstzweifel."(Bauman 1999: 348f)

Hier sei noch einmal festgehalten: es gilt, nicht nur nach den besonderen symbolischen Ordnungen und Funktionsweisen des Sozialen und Kulturellen zu schauen, sondern auch ökonomische Verhältnisse zu analysieren und zu verändern, da diese auch die sozialen und kulturellen Prozesse beeinflussen. Und dies bedeutet nicht einfach eine integrativere Version der Konsumgesellschaft, sondern eine radikale Veränderung. Neben dem Empfang des anderen Menschen und der Praxis der Dekonstruktion wird dies auch zu den entscheidenden Fragen und Aufgaben der zu-kommenden Zukunft und der Zukunft des Gemeinsamenkeiten gehören, wenn es heißt, diese entweder zu verändern, aus ihnen herauszutreten oder sie immer wieder neu zu bilden.

8.3.2 Gastlichkeit geben – den Weg ebnen

In der Einleitung hieß es, die Schere zwischen arm und reich wird immer größer. Und bei aller Kraft, die dem Fürsein innewohnt, soll doch nicht vergessen werden, daß dem Fürsein nicht nur die verschiedenen, oben beschriebenen Mechanismen zur Manipulation entgegentreten, sondern daß noch andere Faktoren die Möglichkeit, moralisch zu handeln, erschweren.[10] Gerade unter dem Zeichen der neuen Welt(un)ordnung

> „müssen neben der ethischen Ignoranz noch andere Kräfte am Werke sein, wenn die drückende systemische Konsistenz weltweiten Schadens die Bindekraft moralischer Empörung übertrifft. Man darf vernünftigerweise annehmen, daß jene anderen Faktoren in Aspekten der sozialen Realität wurzeln, die entweder von ethischen Erwägungen unbeeindruckt bleiben oder ihrem Druck erfolgreich Widerstand leisten oder ausweichen oder – besser noch – ethisch begründete Forderungen zum Verstummen bringen können. Unter diesen Faktoren stehen die zunehmend deregulierten, jeder wirksamen politischen Kontrolle entzogenen und allein vom Wettbewerbsdruck gelenkten Kräfte des Marktes an erster Stelle. Die schiere Größe der Hauptakteure auf den heutigen globalen Märkten läßt Interventionsmöglichkeiten der meisten, wenn nicht gar aller gewählten Regierungen gar nicht mehr zu –

[10] An dieser Stelle wäre es höchst interessant zu untersuchen, inwiefern die Möglichkeit, moralisch zu handeln, heutzutage auch instrumentalisiert wird. Man denke da besonders an die Privatisierung von Pflegetätigkeiten, die in einer patriarchal-kapitalistischen Ordnung zu Ungunsten der Handlungsmöglichkeiten von Frauen abläuft. Dies wäre allerdings eine Analyse, die man an anderer Stelle fortführen sollte.

> das heißt, jener Kräfte, die zumindest im Prinzip ethischen Argumenten zugänglich wären."(Bauman 1999: 101f)

Praktisch gesehen gibt es heutzutage wieder eine immer weiter wachsende Polarisierung und soziale Ungleichheit, sowohl global, als auch in den einzelnen sozialen/ politischen Einheiten: Bereicherung auf der einen Seite, Verarmung auf der anderen. Es ist wohl anzunehmen, daß die Reichen noch reicher werden und die Armen noch ärmer. Zygmunt Bauman schlägt zur Beschreibung der Reichen und der Armen zwei neue Kategorien vor: die der Verführten und die der Unterdrückten (vgl. Bauman 1999: 106). Während die Reichen einen immer größeren Grad an Entscheidungsfreiheit genießen und die wachsende Produktvielfalt der Märkte jeden Tag begrüßen, fällt es nicht allzu schwer, diejenigen, die nicht wie ordentliche KonsumentInnen reagieren und reagieren können, als Menschen zu definieren, die ihre Wahlfreiheit nicht richtig nutzen können und jeder Fähigkeit zu Selbstbestimmung und Eigenverantwortung entbehren.

> „Die heutigen Armen (jene hoffnungslos defizitären Verbraucher, die immun gegen die Verlockungen des Marktes und unfähig erscheinen, zu einer das Angebot aufnehmenden Nachfrage beizutragen, so verlockend dieses auch sei) sind für die konsumorientierten Märkte ohne erkennbaren Nutzen – und immer weniger auch für die Staatsregierungen, die sich mehr und mehr als örtliche Vollstreckungsbeamte und Sheriffs im Interesse ausländischer Finanz- und Handelskonzerne gerieren. Die heutigen Armen sind nicht mehr die ‚Ausgebeuteten', die den Warenüberschuß produzieren, der später in Kapital verwandelt wird; sie bilden auch nicht mehr die ‚stille Arbeitsreserve', die beim nächsten Wirtschaftsaufschwung erneut in den kapitalbildenden Prozeß eingegliedert wird: Wirtschaftlich gesprochen (und heute äußern sich auch politisch gewählte Regierungen in der Sprache der Wirtschaft) sind sie ganz und gar *überflüssig* [...]."(Bauman 1999: 107)

Also werden sie aus der ‚normalen' Gesellschaft ausgeschlossen, quasi als die Fremden der Konsumgesellschaft und als deren konstitutives Außen. Damit sich die Wahrscheinlichkeit eines massiven und kollektiven Protestes verringert, wird eine Doppelstrategie in Gang gesetzt, die sich mit den Begriffen der Kriminalisierung und Brutalisierung der Armen umreißen läßt.

Unter den veränderten wirtschaftlichen Bedingungen wird das „Problem der Armen" als eine Frage öffentlicher Ruhe und Ordnung gefaßt und die sozialen Mittel werden jetzt anstatt zur Wiedereingliederung in den Arbeitsmarkt zunehmend für den Ausbau und die Modernisierung von Straf- und Überwachungseinrichtungen bereitgestellt (man ist versucht zu denken, der Abbau des Wohlfahrtsstaaates und die Kürzung der Mittel steht in einem proportionalen Verhältnis zum Aufbau und zur Bereitstellung finanzieller Mittel für Sicherheits- und Überwachungssysteme). Für die Konsumgesellschaft erweisen sich die Armen und all jene, die nicht am Spiel des Marktes teilhaben können, immer mehr als ein Hindernis auf dem Weg zur allumfassenden Konsumgesellschaft und als „Belastung" für die Steuerzahler. Dies ist aber nur eine Facette des Prozesses der Privatisierung und Deregulierung, der auch jegliches menschliches Elend privatisiert hat. Die Kriminalisierung und Brutalisierung der Armen hat noch eine andere Auswirkung: Nicht nur die untersten Schichten werden „terrorisiert", sondern dienen auch als Abschreckungsmittel gegen eine mögliche Rebellion der Wohlsituierten. „Die Schrecken der Alternative zum Leben als ‚freie Konsumenten' lassen auch die lästigsten Zwänge, für die dieses Leben [gemeint ist: Konsumleben; S.M.] berüchtigt ist, erträglich und annehmbar erscheinen."(Bauman 1999: 109)

Es ist wohl so, daß sich die Lage für den größten Teil der Menschheit noch verschlimmert. Wo bleiben aber die Massenproteste oder Rebellionen? Man könnte meinen, das Ausbleiben offener Revolten ist ein Beweis für die Effektivität der kombinierten Strategien von Ausgrenzung, Kriminalisierung und Brutalisierung.

Ist es nicht absurd: Bilder von Hunger, Massenmorden und Kriegen alarmieren (bestenfalls) die Öffentlichkeit und schaffen Empörung. Doch die Zerstörung der meisten Länder dieser Erde im Namen von Handelsfreiheit, offenen Märkten und positiven Bilanzen kann auf breite Unterstützung bei der demokratischen WählerInnenschaft rechnen. Trotz zunehmenden Bewußtseins über die ökologischen Schäden bis auf Jahrhunderte hinaus, können PolitikerInnen dennoch mit ihrem Versprechen, das ökonomische Wachstum zu vergrößern, sprich: noch mehr nicht regenerierbare Ressourcen zu vernichten, ohne geringstes Risiko darauf wetten, wiedergewählt zu werden. In Bezug auf die – von den Medien – vermittelten Bilder aus aller Welt ist es aber wohl auch eher eine

> „strategische Illusion, an eine kritische Ver-wendung der Medien zu glauben. Eine derartige Rede ist heute nur durch die Destruktion der Medien als solche möglich, durch ihre Dekonstruktion als System der

> Nicht-Kommunikation. Dies schließt nicht Liquidation ein, ebensowenig wie die radikale Kritik des Diskurses die Negation der Sprache als signifikantes Material impliziert. Doch impliziert es gewiß die Liquidierung ihrer aktuellen funktionalen und technischen Struktur, ihrer, wenn man das sagen kann, operationalen Form, die allenthalben ihre gesellschaftliche Form reflektiert."(Baudrillard 1978: 101)

Was bleibt? Was bleibt vor allen Dingen denen, die nicht wohlsituiert sind?

Hinsichtlich einer „Makroethik", das heißt als einer Erweiterung der Verantwortlichkeit für den anderen Menschen hervorgerufen vom Antlitz gilt es, in einer bedenklichen Zeit wohl zweierlei zu bedenken: Erstens würde ein wirksamer Protest der Armen um Umverteilung nicht zwangsläufig die Herrschaft ethischer Prinzipien in Wirtschaft und Politik ankündigen. Zweitens sollte man bedenken, daß eine Erweiterung *meiner* Sorge und Verantwortung für den/ die AndereN bedeutet, dass man die Verantwortung dafür übernimmt, daß Verantwortung geschieht, also durch einen selbst (vgl. Bauman 1999: 112). Diese Verantwortung muß allerdings jedes Mal von Neuem und je nach Situation entschieden werden; sie unterliegt demnach nicht einer allgemeinen inhaltlichen Bestimmung.

Die *ethische* Frage in dieser Zeit lautet deswegen nicht nur, ob die neuen und alten Marginalisierten und Unterprivilegierten sich erheben (falls sie dies angesichts der erstarkten Rolle der USA und Europa überhaupt noch können), sondern ob die Gutsituierten und Privilegierten über ihre Einzel- und Gruppeninteressen hinausgehen und sich als verantwortlich für die menschenwürdige Existenz der Anderen, weniger Glücklichen betrachten.[11] Und so liegt es in erster Linie am eigenen Antworten auf den An-

[11]Was heißt ‚menschenwürdige Existenz'? Wie kann man diese Trope füllen? Um diese Fragen zu beantworten, können man *vielleicht* auf folgende Möglichkeiten des Fürseins, die Aristoteles für ein Maß an Menschlichkeit und *a fortiori* für eine gute Menschlichkeit hält, zurückgreifen (vgl. auch Nußbaum 1993):

1. Fähig zu sein, unser Leben zu Ende leben zu können.
2. Die Möglichkeit zu haben, eine gute Gesundheit zu haben, angemessen ernährt zu werden, angemessene Unterkunft zu haben; Gelegenheit zur sexuellen Befriedigung zu haben; fähig sein zur Ortsveränderung.
3. Möglichkeit haben, unnötigen Schmerz zu vermeiden und lustvolle Erlebnisse zu haben.
4. Möglichkeit haben, Bindungen einzugehen, zu Dingen und Personen; zu lieben, zu trauern, Sehnsucht und Dankbarkeit zu empfinden.

spruch des Anderen, ob man Fürsein, Gerechtigkeit und Gastlichkeit als Gabe(n) (und das bedeutet vor allem ohne Tausch und Reziprozität)[12] den Weg ebnet.

> „Moral wie Gerechtigkeit (oder, wie manche lieber sagen würden, Mikro- und Makroethik) werden ihrem Namen nur als Bedingungen und Projekte mit offenem Ausgang gerecht, die sich ihrer mangelnden Endgültigkeit bewußt sind. [. . .] Lassen sie mich wiederholen: Die moralische Urszene, die moralische Partei der Zwei ist die Keimzelle aller Verantwortung für den Anderen und der Übungsplatz für all die Ambivalenz, die eine Übernahme dieser Verantwortung unvermeidlich enthält. Angesichts dieser Tatsache erscheint es plausibel, daß der Schlüssel zu einem so großen Problem wie der sozialen Gerechtigkeit in einem (scheinbar) so kleinem Problem wie dem moralischen Urakt liegt, Verantwortung für den Nächsten, den Anderen in Reichweite zu übernehmen – für den Anderen als Antlitz."(Bauman 1999: 125f)

Vielleicht darf man es am Schluß dieses Essays wagen, davon zu sprechen, daß die Verfolgung einer Spur, die Emmanuel Lévinas aufgespürt hat, ein Versuch über eine Phänomenologie der Sozialität war – ausgehend vom Antlitz des anderen Menschen,

> „[. . .] ausgehend von der Nähe -, indem wir, vor jeder Mimik, in der

5. Möglichkeit haben, sich eine Auffassung des Guten zu bilden und sich auf kritische Überlegungen zur Planung des eigenen Lebens einzulassen.
6. Möglichkeit haben, für und mit anderen leben zu können, Interesse für andere Menschen zu zeigen, sich auf verschiedene Formen sozialer Beziehungen einzulassen.
7. Möglichkeit haben, in Beziehung zu Natur zu leben.
8. Möglichkeit haben, zum Spielen, Lachen und Genießen.
9. Möglichkeit haben, das eigene Leben und nicht das von anderen zu leben; das eigene Leben in seiner eigenen Umwelt und seinem eigenen Kontext zu gestalten.

Fern davon, einen Essentialismus darzustellen, kann man sich fragen, ob diese *essentials* bzw. Ideen von Möglichkeiten nicht erst durch die Begegnung mit dem Antlitz entstehen und – historisch gesehen – essentialistisch ohne Wesenhaftigkeit sind; d.h., daß diese *essentials* als eine historische Errungenschaft angesehen werden können, die ihre Gültigkeit in unserem historischen Kontext haben. Für solch eine Forderung von historischer Gültigkeit und nicht-essentialistischer Lesart dieser Möglichkeiten vgl. Laclau/ Mouffe 1991.

[12] Vgl. Derrida 1993 und 1994b. Robert Bernasconi macht uns in seinem Artikel „Ethische Aporien: Derrida, Levinas und die Genealogie des Griechischen " (1997) auf die Bedeutung des Wortes der *Gabe* bei Lévinas und Derrida aufmerksam. Genauso wie der lesenswerte Text von Bernhard Waldenfels „Das Un-ding der Gabe " (1997).

> Direktheit des Antlitzes, vor jedem sprachlichen Ausdruck, in seiner Sterblichkeit, vom Grund dieser Schwachheit aus, eine gebietende Stimme hörten: einen Befehl, an mich ergangen, diesem Tod gegenüber nicht gleichgültig zu bleiben, den Anderen nicht allein sterben zu lassen; das heißt, ein Befehl, für das Leben des Anderen einzustehen [...].“(Lévinas 1995: 206)

Non-Indifferenz, Sich-vom Sein-Lösen, Offenheit, Appell des Antlitzes, Diachronie, Spur, Empfang des Antlitzes und Gastlichkeit – das sind die Begrifflichkeiten eines Humanismus des anderen Menschen. Es sind gleichfalls die Vokabeln, die die Verfolgung der Spur – die Verbindung zwischen einer postmodernen Ethik und Sozialität – begleitet haben. Wahrscheinlich bleibt auch nach ihrer Lichtung diese Spur nur eine Spur, denn Wege entstehen nur dort, wo viele Menschen gehen. Nichtsdestotrotz kann man die Fruchtbarkeit postmoderner Ansätze für ein derzeitiges Zusammenleben und zugleich die Chancen erkennen, die diese Ansätze (nicht nur) in Zeiten der Individualisierung bereithalten: Chancen für die Sozialität.

Aber: „Ich möchte Sie nicht mit diesen Abschweifungen langweilen oder gar einen besseren Eindruck dadurch erwecken. Es ist nur so, daß diese Gedanken zum Inhalt meines Lebens wurden.“(Silone 1974: 279)

Bibliographie

- Arendt, Hannah, 1964, Eichmann in Jerusalem: Ein Bericht von der Banalität des Bösen. München: Piper
- Aristoteles, 1989, Politik. Schriften zur Staatstheorie. Übers. und Hg: Franz F. Schwarz, Stuttgart
- Baudrillard, Jean, 1978, Kool Killer oder der Aufstand der Zeichen. Berlin: Merve
- Bauman, Zygmunt:
  - 1999, Unbehagen in der Postmoderne. Hamburg: Hamburger Edition, Hamburger Institut für Sozialforschung Verlagsgesellschaft mbH
  - 1996, Glokalisierung oder Was für die einen Globalisierung, ist für die anderen Lokalisierung In: Haug/ Haug (Hrsg.), Argument 217, Neoliberalismus als Globalisierung, S.: 653ff, Hamburg: Argument-Verlag
  - 1995a, Postmoderne Ethik. Hamburg: Hamburger Edition, Hamburger Institut für Sozialforschung Verlagsgesellschaft, mbH
  - 1995b, Life in Fragments. Essays in Postmodern Morality. Oxford/ Cambridge: Blackwell Publishers
  - 1995c, Moderne und Ambivalenz. Das Ende der Eindeutigkeit. Frankfurt/ M.: Fischer Taschenbuch Verlag Gmbh
  - 1995d, Ansichten der Postmoderne. Hamburg: Argument Verlag
  - 1995e, Gesetzgeber und Interpreten. In: Ansichten der Postmoderne. Hamburg: Argument Verlag
  - 1995f, Vom Pilger zum Touristen – Postmoderne Identitätsprojekte. In: Keupp, Heiner (Hg.), 1995, Lust an der Erkenntnis: Der Mensch als soziales Wesen. München/ Zürich: PiperGmbH & Co.KG.

- 1994, Tod, Unsterblichkeit und andere Lebensstrategien, Frankfurt/ M.: Fischer Taschenbuch Verlag GmbH
- 1992, Dialektik der Ordnung. Die Moderne und der Holocaust. Hamburg: Europäische Verlagsanstalt

- Beck, Ulrich:
  - -1995, Wie aus Nachbarn Juden werden. In: Die feindlose Demokratie. Ausgewählte Aufsätze. Stuttgart: Reclam GmbH, S,: 107-117
  - -1994, Vom Verschwinden der Solidarität. Individualisierung der Gesellschaft heißt Verschärfung sozialer Ungleichheit. In: Süddeutsche Zeitung vom 7./8. Mai 1994
- Bellah, Robert N. u.a., 1987, Gewohnheiten des Herzens. Individualismus und Gemeinsinn in der amerikanischen Gesellschaft. Köln: Bund-Verlag
- Benhabib, Seyla, 1995, Selbst im Kontext. Frankfurt/M.: Suhrkamp
- Bernasconi, Robert, 1997, Ethische Aporien: Derrida, Levinas und die Genealogie des Griechischen. In: Gondek, Hans-Dieter/ Waldenfels, Bernhard (Hg.), 1997, Einsätze des Denkens. Zur Philosophie von Jacques Derrida. Frankfurt/M.: Suhrkamp. S.: 345-384
- Bourdieu, Pierre, 1983, Ökonomisches Kapital, kulturelles Kapital, soziales Kapital. In: R. Kreckel (Hg.), 1983, Soziale Ungleichheiten. Sonderband 2 der Sozialen Welt. Göttingen, S.: 183- 198
- Braun, Kathrin, 1995, Frauenforschung, Geschlechterforschung und feministische Politik. In: Feministische Studien, Jg.13, Nr.2, S.: 107-116
- Brumlik/ Brunkenhorst (Hrsg.), 1993, Gemeinschaft und Gerechtigkeit, Frankfurt/ M: Fischer Taschenbuch Verlag
- Butler, Judith:
  - 1998, Haß spricht. Zur Politik des Performativen. Berlin: Berlin Verlag

- 1997, Körper von Gewicht. Die diskursiven Grenzen des Geschlechts. Frankfurt/M.: Suhrkamp
- 1997b, The Psychic Life of Power. Theories in Subjection. Stanford: Stanford University Press
- 1994, Phantasmatische Identifizierung und die Annahme des Geschlechts. In: Institut für Sozialforschung Frankfurt (Hg.), 1994, Geschlechterverhältnisse und Politik. Gender Studies. Frankfurt/M.: Suhrkamp
- 1993, Kontingente Grundlagen: Der Feminismus und die Frage der „Postmoderne". In: Behabib/ Butler u.a., 1993, Der Streit um Differenz. Feminismus und Postmoderne in der Gegenwart. Frankfurt/ M.: Fischer Taschenbuch Verlag
- 1991, Das Unbehagen der Geschlechter. Org.: Gender Trouble. Frankfurt/ M.: Suhrkamp

• Camus, Albert, 1953, Der Mensch in der Revolte. Hamburg: Rowohlt Verlag

• Critchley, Simon, 1992, The Ethics of Deconstruction. Derrida and Levinas. Oxford: Blackwell

• Culler, Jonathan 1988, Dekonstruktion. Derrida und die poststrukturalistische Literaturtheorie. Hamburg: Rowohlt Taschenbuch Verlag

• Deleuze, Gilles/ Guattari, Félix, 1977, Rhizom. Berlin: Merve Verlag

• Derrida, Jacques:

- 1999, Adieu. Nachruf auf Emmanuel Lévinas. München: Carl Hanser Verlag
- 1997, Politics of Friendship. London/ New York: Verso
- 1995, Marx' Gespenster. Frankfurt/M.: Fischer Taschenbuch Verlag
- 1994, Grammatologie. Frankfurt/ M.: Suhrkamp
- 1994b, Den Tod geben. In: Haverkamp, Anselm (Hg.) 1994, Derrida - Benjamin. Frankfurt/M.: Suhrkamp. S.: 351-445

- 1993, Falschgeld. Zeit geben I. München: Fink
- 1992, [1982] Préjugés, Vor dem Gesetz. Hg. Von Peter Engelmann, Wien: Edition Passagen
- 1991, Gesetzeskraft. Der „mystische Grund der Autorität". Frankfurt/M.: Suhrkamp
- 1990, Eben in diesem Moment in diesem Werk findest du mich. In: Schriftenreihe des Evangelisches Studienwerk Villigst (Hg.) Bd. 12, 1990, Parabel. Lévinas. Gießen: Focus Verlag. S.: 42-84
- 1986, Positionen. Wien: Passagen
- 1980, En ce moment même dans cet ouvrage me voici. In: Laruelle (Hg.) 1980, Textes pour Emmanuel Lévinas, Paris
- 1972, Die Schrift und die Differenz. Frankfurt/ M.: Suhrkamp
- 1972, Gewalt und Metaphysik. Über das Denken Emmanuel Lévinas. In: ders., Die Schrift und die Differenz. Frankfurt/ M.: Suhrkamp. S.: 121-235

- Fink-Eitel, Hinrich, 1993, Die Macht der Gemeinschaft. Zur Kritik des Kommunitarismus. In: Brumlik/ Brunkenhorst (Hrsg.), 1993, Gemeinschaft und Gerechtigkeit, Frankfurt/ M: Fischer Taschenbuch Verlag. S.: 306-322

- Frankena, K., 1974, Der naturalistische Fehlschluß. In: Grewendorf/ Meggle (Hg.) 1974, Seminar: Sprache und Ethik. Frankfurt/M. S.: 83-99

- Foucault, Michel:
  - 1994, Omnes et singulatim. Zu einer Kritik der politischen Vernunft. In: Vogl, Joseph (HG.), 1994, Gemeinschaften. Positionen zu einer Philosphie des Politischen. Frankfurt/M:: Suhrkamp. S.: 65-93
  - 1992, Was ist Kritik? Berlin: Merve
  - 1987, Von der Subversion des Wissens. Frankfurt/M.: Fischer Taschenbuch Verlag

– 1987b, Warum ich Macht untersuche: Die Frage des Subjekts. In: Dreyfus/ Rabinow, 1987, Michel Foucault. Jenseits von Strukturalismus und Hermeneutik. Frankfurt/M.: Athenäum. S.: 243-250

– 1984, Gespräch mit Rabinow. In: Paul Rabinow (Hg.), 1984, The Foucault Reader. New York: Pantheon

– 1977, Der Wille zum Wissen. Sexualität und Wahrheit Bd.I. Frankfurt/ M.: Suhrkamp

– 1976, Überwachen und Strafen. Frankfurt/M.: Suhrkamp

– 1966, Les mot et les choses. Paris. Dt.: Die Ordnung der Dinge. Frankfurt/M.: Suhrkamp

- Friedman, Marilyn, 1993, Jenseits von Fürsorglichkeit. Die Ent-Moralisierung der Geschlechter. In: Nagl-Docekal/ Pauer-Studer (Hg.), 1993, Jenseits der Geschlechtermoral. Beiträge zur feministischen Ethik. Frankfurt/M. Suhrkamp. S.: 241-266

- Geden, Oliver, 1996, Rechte Ökologie. Berlin: Elefanten Press

- Gilligan, Carol, 1990, Die andere Stimme. Lebenskonflikte und Moral der Frau. (Orig. 1982, In A Different Voice) München/ Zürich: Piper GmbH

- Gondek, Hans-Dieter/ Waldenfels, Bernhard (Hg.), 1997, Einsätze des Denkens. Zur Philosophie von Jacques Derrida. Frankfurt/M.: Suhrkamp

- Habermas, Jürgen, 1995, Der philosophische Diskurs der Moderne. Frankfurt/M.: Suhrkamp

- Haverkamp, Anselm (Hg.) 1994, Derrida - Benjamin. Frankfurt/M.: Suhrkamp

- Hauck, Gerhard, 1993, Geschichte der soziologischen Theorie. Eine ideologiekritische Einführung. Hamburg: Rowohlt

- Hegel, G.W.F.:

- 1970, Vorlesungen über die Philosophie der Geschichte. In: Werke, Bd. 12, Frankfurt/ M.
- 1963, Wissenschaft der Logik I, Ausg. Lasson, Hamburg

• Heidegger, Martin:

- 1993 [1927], Sein und Zeit. 17. Auflage. Tübingen: Max Niemeyer Verlag
- 1984, Was heißt Denken? Tübingen: Max Niemeyer Verlag
- 1967, Brief über den Humanismus. In: Wegmarken. Frankfurt/M.: Vittorio Klostermann. S.: 145- 194

• Heller, Agnes, 1989, The contingent person and the existential choice, In: The Philosophical Forum, Herbst-Winter 1989

• Von Herrmann, 1981, Der Begriff der Phänomenologie bei Heidegger und Husserl. Frankfurt/M.: Klostermann

• Herzinger, Richard, 1997, In der Gemeinschaftsfalle. In: Die Zeit vom 4. April 1997: S.: 45ff

• Husserl, Edmund, 1963, Cartesianische Meditationen. Den Haag

• Hoagland, Sarah Lucia, 1993, Einige Gedanken über das Sorgen. In: Nagl-Docekal/ Pauer-Studer (Hg.), 1993, Jenseits der Geschlechtermoral. Beiträge zur feministischen Ethik. Frankfurt/M. Suhrkamp. S.: 173-194

• Honneth, Axel (Hg.), 1993, Kommunitarismus. Eine Debatte über die moralischen Grundlagen moderner Gesellschaften, Frankfurt/ M./ New York: Campus Verlag

• Kant, Immanuel; 1793, Über den Gemeinspruch: Das mag in der Theorie richtig sein, taugt aber nicht für die Praxis. In: Kant, 1913, Kleinere Schriften zur Geschichtsphilosophie, Ethik und Politik, Hg. Von Karl Vorländer 1973 (unveränderter Nachdruck), Hamburg

• Kassiber November 1997. Stadtzeitung für Politik, Alltag, Revolution. Bremen: BBA-Laden

- Keupp, Heiner (Hg.), 1995, Lust an der Erkenntnis: Der Mensch als soziales Wesen. Sozialpsychologisches Denken im 20. Jhr. Ein Lesebuch. München/ Zürich: Piper GmbH & CO.KG.
- Kimmerle, Heinz, 1992, Derrida zur Einführung. Hamburg: Junius Verlag
- Kommunitaristisches Manifest, 1994, (Hrsg. Von u.a. Etzioni, Hirschman, Fukuyama, Friedan). In: FAZ vom 8. März 1994, Nr. 56, S.: 37ff
- Laclau, Ernesto/ Mouffe, Chantal, 1991, Hegemonie und radikale Demokratie. Zur Dekonstruktion des Marxismus. Wien: Passagen
- Lash, Scott:
  - 1996a, Postmodern Ethics. The Missing Ground. In: Theory, Culture & Society 1996, Vol. 13 (2) London, Thousands Oaks and New Delhi: SAGE: S.:91 – 104
  - 1996b, Reflexivität und ihre Doppelungen: Struktur, Ästhetik und Gemeinschaft. In: Beck/ Giddens/ Lash (Hrsg.), Reflexive Modernisierung. Eine Kontroverse. S.: 195 – 286, Frankfurt/ M.: Suhrkamp Verlag
- Lévinas, Emmanuel:
  - 1961, Totalité et infini. Essai sur l'exteriorité. Den Haag: Martinus Nijhof
  - 1974, Autrement qu'être ou au-delà de l'essence. Den Haag: Martinus Nijhof
  - 1983, Die Spur des Anderen. Freiburg/ München: Karl Alber Verlag
  - 1984, Entretiens avec Le Monde. Paris
  - 1986, Ethik und Unendliches. Gespräche mit Philippe Nemo. Graz/ Wien: Passagen
  - 1987, Totalität und Unendlichkeit. Versuche über die Exteriorität. Freiburg/ München: Karl Alber Verlag
  - 1987b, Freedom and Command. In: Collected Philosophical Papers. Den Haag: Martinus Nijhof

- 1988, Eigennamen. Müchen: Carl Hanser Verlag
- 1989, Humanismus des anderen Menschen. Hamburg: Felix Meiner Verlag
- 1989b, Die Zeit und der Andere. Hamburg: Felix Meiner Verlag
- 1989c, Ecrit et sacré. In: F.Kaplan/ J.-L. Vieillard-Baron (Hg.), Introduction á la philosophie de la region. Paris. S.: 353-365
- 1991, Jenseits des Seins oder anders als Sein geschieht. Freiburg/ München. Karl Alber Verlag
- 1991b, Heidegger, Gagarin und wir. In: taz-Die Tageszeitung vom 13.4.1991, S.: 18
- 1994, Stunde der Nationen. Talmudlektüren. München: W. Fink Verlag
- 1995, Zwischen uns. Versuche über das Denken an den Anderen. München: Carl Hanser Verlag

• Lukács, Georg, 1971, Bürgerlichkeit und l'art pour l'art. In: Die Seele und die Formen. Neuwied und Berlin

• Lyotard, Francois:

- 1998, Postmoderne Moralitäten. Wien: Passagen
- 1989, Streifzüge. Gesetz, Form, Ereignis. Wien: Passagen
- 1989b, Das Inhumane. Wien: Passagen
- 1987, Der Widerstreit. München

• MacIntyre, Alasdair:

- 1987, Der Verlust der Tugend. Zur moralischen Krise der Gegenwart. Frankfurt/ M.: Suhrkamp Verlag
- 1993, Ist Patriotismus eine Tugend?. In: Honneth, Axel (Hg.), 1993, Kommunitarismus. Eine Debatte über die moralischen Grundlagen moderner Gesellschaften. Frankfurt/ M.: Campus Verlag
- 1966, A Short History of Ethics. A History of Moral Philosophy from the Homeric Age to the Twentieth Century. New York: Macmillan

  - 1967, Secularisation and Moral Change. New York
  - 1971, Against the Self-Images of the Age. New York

- Marin, Lou, 1998, Ursprung der Revolte. Albert Camus und der Anarchismus. Heidelberg: Verlag Graswurzelrevolution

- Moebius, Stephan:

  - Ders. / Szczepanski, Ute, 1996/97, Queer Theory. Universität Bremen
  - 1996, Albert Camus und der Anarchismus. Universität Bremen. Zu bestellen bei: Verlag Graswurzelrevolution
  - 1998, Genealogie der Konstituierung sexuierter Subjektpositionen. Universität Bremen

- Mosès, Stéphane, 1993, Gerechtigkeit und Gemeinschaft bei Emmanuel Lévinas. In: Brumlik/ Brunkenhorst (Hg.), Gemeinschaft und Gerechtigkeit. Frankfurt/M.: Fischer Taschenbuch Verlag. S.: 364ff

- Nagl-Docekal/ Pauer-Studer (Hg.), 1993, Jenseits der Geschlechtermoral. Beiträge zur feministischen Ethik. Frankfurt/M. Suhrkamp

- Nancy, Jean-Luc, 1994, Das gemeinsame Erscheinen. Von der Existenz des „Kommunismus“ zur Gemeinschaftlichkeit der „Existenz“. In: Vogl, Joseph (Hg.), 1994, Gemeinschaften. Positionen zu einer Philosphie des Politischen. Frankfurt/M:: Suhrkamp. S.: 167-204

- Nußbaum, Martha C., 1993, Menschliches Tun und soziale Gerechtigkeit. Zur Verteidigung des aristotelischen Essentialismus. In: Brumlik/ Brunkenhorst (Hrsg.), 1993, Gemeinschaft und Gerechtigkeit, Frankfurt/ M: Fischer Taschenbuch Verlag. S.: 323-363

- Pagel, Gerda, 1991, Lacan zur Einführung. Hamburg: Junius Verlag GmbH. 2. Auflage

- Peter, Lothar:

  - 1997, Emile Durkheim – ein früher Kommunitarist?. In: Sociologica Internationalis 2/97, S.: 39ff

– 1995, Improvisierte Gedanken zum Verhältnis von moderner Gesellschaft und Gesellschaftsanalyse. In: Neue Realitäten des Kapitalismus. Linke Positionsbestimmungen. Heinz Jung zum 60. Geburtstag. Frankfurt/M.: Verlag des Instituts für Marxistische Studien und Forschungen. S.: 195-202

- Pieper, Annemarie, 1998, Gibt es eine feministische Ethik? München: W. Fink Verlag

- Probst, Lothar, 1997, Zwischen Individualismus und Gemeinsinn. Möglichkeiten eines liberalen Kommunitarismus in Deutschland. Vortrag beim Senator für Frauen, Gesundheit, Soziales und Umweltschutz am 21. Mai 1997 im Presseclub Bremen

- Rawls, John:
  - 1975, Eine Theorie der Gerechtigkeit, Frankfurt/ M.: Suhrkamp Verlag
  - 1993, Gerechtigkeit als Fairneß; politisch und nicht metaphysisch. In.: Honneth, Axel (Hg.), 1993, Kommunitarismus. Eine Debatte über die moralischen Grundlagen moderner Gesellschaften, Frankfurt/ M.: Campus Verlag

- Reese-Schäfer, Walter:
  - 1995, Was ist Kommunitarismus? 2. Auflage, Frankfurt/ M.: Campus
  - 1997, Grenzgötter der Moral. Der neuere europäisch-amerikanische Diskurs zur politischen Ethik. Frankfurt/ M.: Suhrkamp Verlag

- Rommelspacher, Birgit, 1997, Die postmoderne Fassung einer antimodernen Ethik. In: Soziologische Revue 20 Jg. München: R. Oldenbourg Verlag. S.: 259-264

- Rorty, Richard, 1992, Kontingenz, Ironie und Solidarität. Frankfurt/M.: Suhrkamp

- Sandel, Michael, 1993, Die verfahrensrechtliche Republik und das ungebundene Selbst. In: Honneth, Axel (Hg.), 1993, Kommunitarismus. Eine Debatte über die moralischen Grundlagen moderner Gesellschaften. Frankfurt/ M.: Campus Verlag

- Schäfer, Thomas, 1995, Reflektierte Vernunft. Michel Foucaults philosophisches Projekt einer antitotalitären Macht- und Wahrheitskritik. Frankfurt/M.: Suhrkamp
- Schmid, Wilhelm, 1993, Das Antlitz des Anderen. Über Emmanuel Lévinas. In: Ästhetik und Kommunikation, Heft 82, Jg. 22, Berlin
- Silone, Ignazio, 1974, Wein und Brot. Köln: Kiepenheuer und Witsch
- Simmel, Georg:
  - 1984, Das Indivduum und die Freiheit. Essais. Berlin: Wagenbach
  - 1992, Exkurs über den Fremden. In: Soziologie. Untersuchungen über die Formen der Vergesellschaftung. Frankfurt/ M.: Suhrkamp Verlag. S.: 764-771. Erstausgabe: Leipzig 1908
- Singer, Peter. 1981, The Expanding Circle: Ethics and Sociobiology, New York
- Sitter, Beat, 1975, Dasein und Ethik. Zu einer ethischen Theorie der Eksistenz. Freiburg/ München: Karl Alber Verlag
- Steiner, Rudolf, 1980, Gesamtausgabe 349, Vom Leben des Menschen und der Erde. Über das Wesen des Christentums. 2. Auflage. Dornach
- Taureck, Bernhard, 1991, Lévinas zur Einführung. Hamburg: Junius Verlag
- Theory, Culture & Society, 1996, Vol 13 (2), London, Thousands Oaks and New Delhi: SAGE
- Tong, Rosemarie, 1995, Feminist Thought. A comprehensive Introduction. London: Routledge
- Tönnies, Ferdinand, 1988 (zuerst 1887), Gemeinschaft und Gesellschaft. Grundbegriffe der reinen Soziologie, Darmstadt
- Venn, Couze, 1997, Beyond Enlightenment? After the Subject of Foucault, Who Comes?. In: Theory, Culture & Society. Vol. 14. Number 3. August 1997. London, Thousands Oaks and New Delhi: SAGE. S.: 1-28

- Vogl, Joseph (HG.), 1994, Gemeinschaften. Positionen zu einer Philosphie des Politischen. Frankfurt/M:: Suhrkamp.
- Waldenfels, Bernhard, 1997, Das Un-ding der Gabe. In: Gondek, Hans-Dieter/ Waldenfels, Bernhard (Hg.), 1997, Einsätze des Denkens. Zur Philosophie von Jacques Derrida. Frankfurt/M.: Suhrkamp. S.: 385-410
- Walzer, Michael, 1993, Die kommunitaristische Kritik am Liberalismus. In: Honneth, Axel (Hg.), 1993, Kommunitarismus. Eine Debatte über die moralischen Grundlagen moderner Gesellschaften. Frankfurt/ M.: Campus Verlag
- Wagner, Peter, 1995, Soziologie der Moderne. Frankfurt/ New York: Campus Verlag
- Weber, Max, 1976, Wirtschaft und Gesellschaft. Grundriß der verstehenden Soziologie, 5. Auflage, Hg.: Johannes Winkelmann, Tübingen
- Wenzler, Ludwig:
  - 1989, Menschsein vom Anderen her. Einleitung. In: Lévinas, Emmanuel, 1989, Humanismus des anderen Menschen. Hamburg: Felix Meiner Verlag
  - 1989b, Zeit als Nähe des Abwesenden. Diachronie der Ethik und Diachronie der Sinnlichkeit nach Emmanuel Lévinas. Nachwort. In: Lévinas, Emmanuel, 1989b, Die Zeit und der Andere. Hamburg: Felix Meiner Verlag
- Zizek, Slavoj, 1998, Das Unbehagen im Multikulturalismus. In: Haug/ Haug (Hg.), 1998, Das Argument 224. Hamburg: Argument Verlag. S.: 51-63

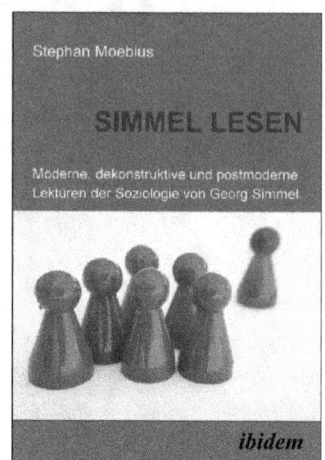

Julia Schäfer

Tod und Trauerrituale in der modernen Gesellschaft

Perspektiven einer alternativen Trauerkultur

ISBN 3-89821-225-4
166 S., Paperback, € 22,00

Erhältlich in jeder Buchhandlung oder direkt bei

ibidem

Mit welchen Problemen sind Trauernde in modernen, individualisierten Gesellschaften konfrontiert? Werden Tod und Trauer aus der Gesellschaft verdrängt und die Trauer auf die einzelnen verlagert, oder gibt es lebbare Alternativen einer neuartigen Trauerkultur? Haben wir überhaupt noch brauchbare Rituale für die Trauer, oder ist Trauer immer schon durch soziale Normen eingeschränkt?

Ausgehend von diesen Fragen untersucht Julia Schäfer den Umgang mit Tod und Trauer in der modernen Gesellschaft. Sie analysiert in ihrer vorliegenden Studie, ob Trauerprozesse zunehmend durch soziale Normierungen und Individualisierungsprozesse erschwert werden: So fühlen sich Individuen entweder von überholten sozialen Normen beeinträchtigt oder aber gänzlich allein gelassen, wenn ein sozialer Zusammenhalt und geeignete Rituale nicht zur Verfügung stehen. Einen Schwerpunkt bildet die Analyse des zeitgenössischen Bestattungsrituals, das von Betroffenen oft als sinnentleert und zu routiniert empfunden wird.

Julia Schäfer geht diesen Thesen und den Ansätzen von "alternativen" Umgangsformen mit Tod und Trauer nach - wie sie sich beispielsweise im Kontext der Aids-Selbsthilfebewegung, unkonventionellen Bestattungsideen und Internet-Gedenkstätten zeigen -, um abschließend die Frage zu beantworten, ob eine Re-Ritualisierung von Schwellenübergängen, wie es der Tod ist, überhaupt möglich ist.

Die Autorin:

Julia Schäfer, Soziologin, M.A., Jahrgang 1975, studierte Soziologie und Kulturwissenschaft in Bremen mit den Schwerpunkten soziologische Theorien, feministische Theorien, Familiensoziologie, Medizinsoziologie.

ibidem-Verlag • Melchiorstr. 15 • 70439 Stuttgart • Tel.: 0711/9807954 • Fax: 0711/8001889
ibidem@ibidem-verlag.de

***ibidem*-Verlag**
Melchiorstr. 15
D-70439 Stuttgart
info@ibidem-verlag.de
www.ibidem-verlag.de
www.edition-noema.de
www.autorenbetreuung.de

www.ingramcontent.com/pod-product-compliance
Lightning Source LLC
Chambersburg PA
CBHW051813230426
43672CB00012B/2713

* 9 7 8 3 8 9 8 2 1 1 5 5 0 *